雄山閣出版案内

JN289268

斎藤忠著作選集

斎藤忠著

仏教を核とする日本・朝鮮の古代文化を解明する学界定評の考古学論集！縄文文化から近世に至るまで、斎藤忠先生70年にわたる厖大な著作論文の中からとくに選び抜き、テーマ別に各巻を配列。

推せんの言葉

若い考古学徒に向けての提言の数々（**岩崎卓也**）東アジアと日本考古学の羅針盤（**大塚初重**）幅広い業績の集大成（**岡村道雄**）斎藤考古学のエキスを集約（**坂詰秀一**）前進のみの斎藤先生の著作集（**佐原真**）珠玉の論文集成（**林亮勝**）斎藤古代学の珠玉の結晶（**藤本強**）

1 考古学の基本

本巻のねらい／序章　考古学の魅力／第1章　考古学の基本／第2章　日本古典考古学の諸問題／第3章　日本考古学史の展望／第4章　地域考古学史とその展開／第5章　研究余滴／解説　藤本強

2 古代朝鮮文化と日本

本巻のねらい／序章　古代朝鮮文化と日本／第1章　都城から見た古代朝鮮と日本／第2章　仏教文化から見た古代朝鮮と日本／第3章　墳墓から見た古代朝鮮文化と日本／第4章　帰化人文化の考察／第5章　研究余滴／解説　西谷正

3 古墳文化と壁画

本巻のねらい／序章　古墳文化と装飾古墳／第1章　古墳・横穴の考察／第2章　各地古墳の諸相／第3章　装飾古墳とその図文／第4章　装飾図文と大陸／第5章　研究余滴／解説　大塚初重

4 墳墓の考古学

本巻のねらい／序章　墓と葬制／第1章　火葬墓の考察／第2章　近世の墓塔／第3章　葬制の諸問題／第4章　研究余滴／解説　坂詰秀一

5 仏教考古学と文字資料

本巻のねらい／序章　仏教考古学と金石文／第1章　古代寺院跡の諸問題／第2章　金石文の考察／第3章　墨書土器の諸問題／第4章　研究余滴／解説　坂詰秀一

6 考古学の旅とその周辺

本巻のねらい／序章　考古学の周辺／第1章　考古学の旅／第2章　埋蔵文化財の視点／第3章　先学追想／解説　桜井清彦

付　考古学とともに70年／付　著作目録／付　研究年譜

Ａ５判　上製函入　平均320頁　6,800円

季刊考古学・別冊13

東アジアの装飾古墳を語る

目次

本誌は2003年1月11日、浜離宮朝日ホールにおいて開催された明治カルチェ・ヴィヴァン新春シンポジウムV「古墳壁画の出現とその展開」（明治大学教育振興部・株式会社明朋主催）の全記録に付編を追加したものである。

口絵
キトラ古墳／五郎山古墳／虎塚古墳・羽山横穴墓／江西大墓

キトラ・高松塚古墳の壁画の世界……網干善教 10
高松塚古墳の壁画／高句麗の古墳壁画との関連／中国と日本との関係／玄武の図像に対する考え

北部九州の装飾古墳とその展開……西谷 正 23
装飾古墳のはじまり／形象図文の登場／日ノ岡古墳と的氏／若干の補足

高句麗古墳壁画と古代日本……全 浩天 40
高句麗壁画古墳の類型化／高句麗壁画に写る日本の古代／高句麗壁画古墳とキトラ古墳

古代東国の壁画古墳とその問題点……大塚初重 53
東国壁画古墳の分布／虎塚古墳の壁画／東国の壁画古墳／九州の壁画古墳との比較

パネルディスカッション
「古墳壁画の出現とその展開」 65
網干善教・西谷 正
全浩天・大塚初重（司会）
壁画古墳の系譜／四神について／高句麗古墳との比較／高松塚とキトラ古墳／九州と東日本の壁画古墳／キトラ古墳の調査に向けて／さいごに

主要装飾古墳一覧……編集部編 81
高句麗主要壁画古墳一覧……全浩天編 92
装飾古墳関連文献抄……編集部編 93

表紙写真 福岡県王塚古墳横穴式石室復元模型。目次カットはその一部。（国立歴史民俗博物館提供）

雄山閣出版案内

古代朝鮮の考古と歴史

四六判　282頁
2,500円

李成市・早乙女雅博 編

高句麗・百済・新羅・渤海そして日本の考古学と歴史学の新しい成果を盛る古代史シンポジウムの全記録。朝鮮考古学の最新情報。

■ 主 な 内 容 ■

1 講　演
高句麗考古学の新しい成果（石光濬）
最近発見された百済・新羅遺跡二例（韓炳三）
渤海の歴史と考古学における新しい成果（蔡泰亨）
百済史、新羅史の新発見（李基東）
古代朝鮮と日本との交流（西谷正）
2 討　論
司会　李成市・早乙女雅博
出席者　石光濬・韓炳三・蔡泰亨・李基東・西谷正・早乙女雅博・亀田修一・小嶋芳孝・木村誠・全浩天
3 資　料
関連年表／遺跡地図／高句麗壁画古墳一覧／古代朝鮮の金石文・木簡資料一覧／朝鮮民主主義人民共和国から発行された考古学に関する文献

東国の装飾古墳

A5判　222頁
4,500円

日下八光 著（東京芸術大学名誉教授）

古墳壁画模写の第一人者による画題と変遷の詳細な考察。大陸文化を視野に入れ、東国古墳文化の特質を解明する。写真・図版類250点収録。

■ 主 な 内 容 ■

第1編　古墳壁画に描かれた仏教画
－羽山横穴古墳－
第1章　壁画
第2章　壁画の意味するもの
第3章　本生譚
第4章　仏教はいつ頃東北に浸透したか
第2編　東国の主な装飾古墳
第1章　白河内古墳
第2章　吉田古墳
第3章　船玉古墳
第4章　花園古墳
第5章　大師唐櫃古墳
第6章　虎塚古墳
第7章　清戸迫横穴
第8章　中田横穴
第9章　山畑横穴
1　山畑10号横穴
2　山畑15号横穴
第10章　泉崎横穴
第3編　東国の装飾古墳の特徴
第1章　家屋表現
第2章　供献図
第3章　舞踊図
第4章　狩猟図

奈良県キトラ古墳石槨南壁の朱雀（奈良文化財研究所提供）

奈良県キトラ古墳石槨西壁の白虎（奈良文化財研究所提供）

福岡県五郎山古墳奥壁の壁画（筑紫野市教育委員会提供）

茨城県虎塚古墳石室の壁画（ひたちなか市教育委員会提供）

福島県羽山横穴墓の壁画（原町市教育委員会提供）

江西大墓の朱雀

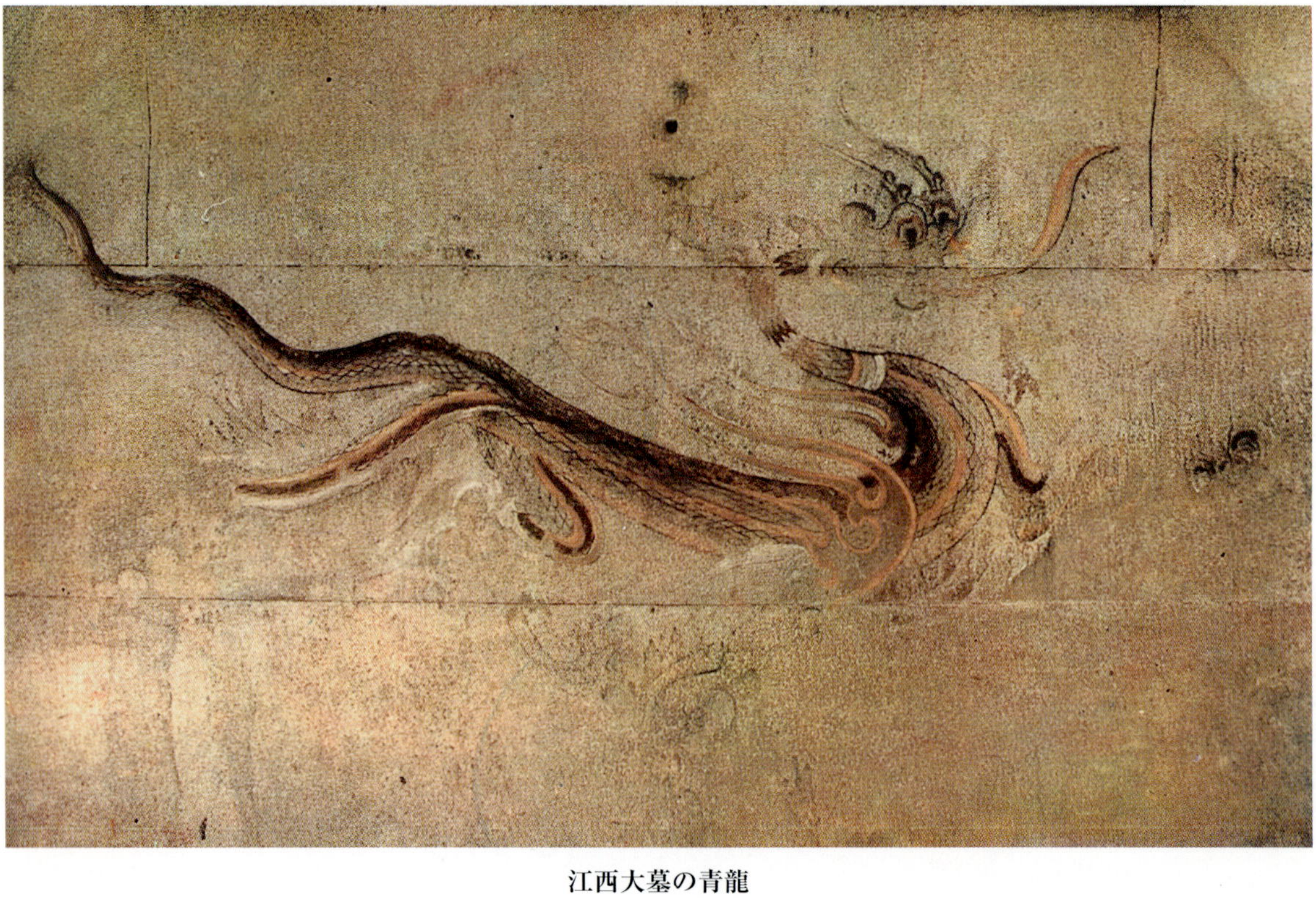

江西大墓の青龍

東アジアの装飾古墳を語る

JN282086

キトラ・高松塚古墳の壁画の世界

網干善教

ただいま紹介していただきました網干でございます。今回、明治大学の大塚初重先生が中心となって、ここに表題が掲げられてありますように「古墳壁画の出現とその展開」というテーマで、新春のシンポジウムを行なうということです。そうしますと、高松塚古墳での壁画発見ということが重要なことになります。

高松塚古墳を発掘しましたのが昭和四十七年（一九七二）三月でしたので、約三〇年前ということになります。高松塚古墳の壁画をめぐる問題はたくさんありますが、今日は小学校の授業のように与えられた時間が四〇分しかないということですので、何からどのような話をしてよいか、これは大変だと、戸惑っているところです。

一　高松塚古墳の壁画

高松塚古墳の壁画をめぐりましては、いろいろな意見があります。しかし何といっても重要なのは「高松塚古墳にはどのような壁画が描かれていたのか」という確認がすべての出発点となります。これを行なわないで、枝葉末端のことがらを論じても、また、「すばらしい壁画だ」とか、「うまく描かれている」などといった感想的な表現をしても、高松塚古墳の壁画の真髄に迫ることはできません。

壁画を最初に見たときから、私には私の考えがあります。そのことは今日まで、いろいろな時に書いてきましたし、話してきましたので、今日は詳しくは述べませんが、要点は次のことです。

一体、高松塚古墳の壁画には何が描かれていたかということについて、

①天井の中央部に、北極五星と四軸四星の紫微垣《しびえん》の星座を中心に二十八宿の星辰が整然と表現されていました。この意味はあとで説明します。

②石槨内の東壁のほぼ中央の上部に金箔を貼って表現した日像、西壁のほぼ中央には銀箔を貼って月像を表現しています。すなわち東に金で太陽、対する西に銀箔で月を表現する陰陽思想です。

③東壁に青龍（南壁には本来朱雀が描かれているが、ここでは盗掘のため消滅）、西壁には白虎、北壁には玄武が描かれていました。すなわち四神図でありますが、この図を「四方を守る神」とか「四方の守護神」とか表現する人がおられます。しかし、それは言葉の直訳であって、「神」ではありません。それよりも、むしろ四神の意味を考えるべきでしょう。これもあとで説明します。

④人物像です。東西両壁に各々男・女人物が群像形式で描かれています。この人物像について多くの意見が述べられていますが、それはそれとして、もし高松塚古墳の内部の壁画を総体として捉えますと、星辰、日月、四神は壁画の主題であり、人物像とは本来的に意味が違うものと理解します。すなわち同じ壁画であっても意味するところが違うのです。

さて、最初に挙げました天井の星宿ですが、そもそも星座を描き、表現することはどのような意味をもつものでしょうか。結論的に言いますと、東洋哲学の基調の一つであります「分野説」を意味しています。

試みに岩波書店の『広辞苑』の分野の項をみますと、「古代中国で、全土を天の二十八宿に配し、各地を司る星宿を定めた天井の区分」とあります。これが高松塚古墳や、最近明らかになりました、同じ地域にあります壁画の描かれたキトラ古墳の天文図の意味です。すなわち天上の星と地上の人間を対応させる思想です。これに基づく思想的表現は現在の私たちの生活にも随所に見られ、用いられています。参考のために「分野説」に対する説明資料を挙げておきます。

分野説

石槨内天井部に描かれている星宿図の意義を考える場合、所謂分野説の立場からこれを理解することが必要である。そこで分野説とはどのようなものであろうか。

「分野」という語義について、諸橋轍次氏の『大漢和辞典』に、

① 戦国の時、天文家が中国全土を天の二十八宿に配当して区別した称。其の分野に星変のある時は、其の国に災があるといふ。

分野説について小島祐馬氏は「分野説と古代中国人の信仰」（『古代中国研究』昭和四十三年）に、

分野説とは天上の星を地上のある区域に配当し、もしくは天をいくつかの部分に分割してこれを地上のある区域に配当し、おのおのその相応ずる天と地との間に密接不離の関係を認める説である。これは天の現象、主として星の変化を見て、この星もしくはこの星を含む天の部分に相応する地域の上に起こる事象の吉凶を判断するために用いられるところの、中国古代の占星術の基礎的要件となっている理論である。

と述べている。

四神の場合も同様であります。「四方を守る神」といった曖昧なものではありません。四神とは青龍、朱雀、白虎、玄武を指します。青、朱、白、玄というのは方色であり、龍、雀、虎、武というのは二十八宿の四方各々の星宿から具象化された動物の図像であります。これまた中国を中心として東アジア全域で用いられた四神思想であり、法則なのです。「青春、朱夏、白秋、玄冬」という言葉も、「青陽、朱明、白蔵、玄英」ということも、みなこの思想を背景として生まれ、用いられているものです。「春、夏、秋、冬」「青、赤、白、黒」も同じです。

さらに、俗に「えと」と言われる「十干十二支」の天干地支の思想も、これによっているものでありまして、その原理・原則を知らなければ、高松塚古墳の壁画の示す意味を正しく理解することはできないと思います。

四神とは何か

	色別	四季	方位	
青龍	（青）蒼	（春）	（東）	青春　春陽
朱雀	（赤）朱	（夏）	（南）	朱夏　朱明
白虎	（白）	（秋）	（西）	白秋　白蔵
玄武	（黒）	（冬）	（北）	玄冬　玄英

陰陽（日　月）　五行（木・火・土・金・水）

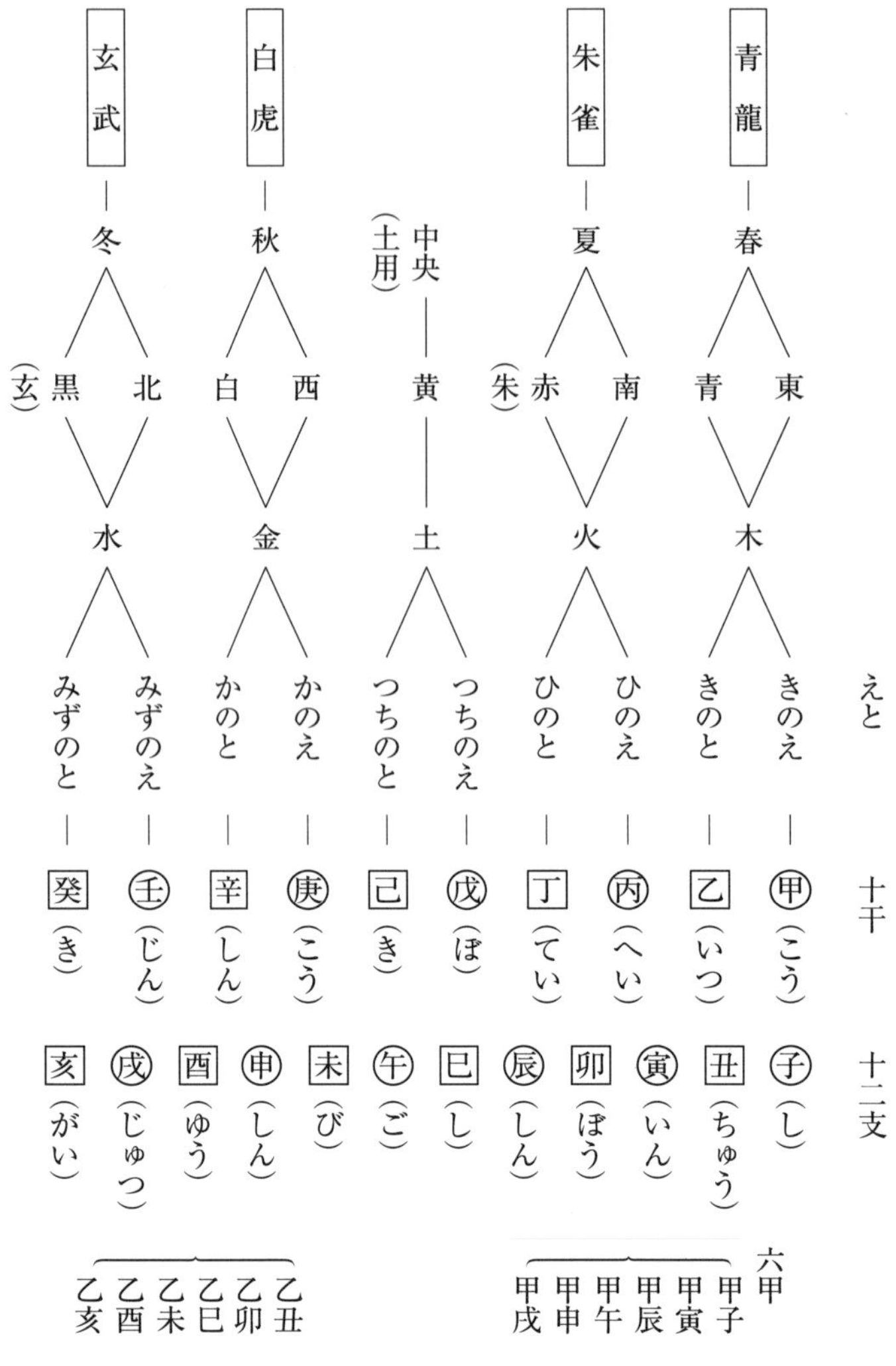

ちなみに、東が春で青すなわち青龍、南は夏、赤で朱雀、西は秋、色は白で虎、北は冬で、色は玄、すなわち黒であり、玄冬（亀蛇合体）でありますから、その順序も青龍、朱雀、白虎、玄武となります。これは原則ですので、勝手に順序を変えるわけにはいきません。厳密にいうと、そうした原則は守っていかなければ、歴史というものを正確に理解できないということです。

次に人物群像であります。先ほど人物群像図は星宿、日月、四神とは異なった次元の描写であると言ってきました。いわばこれは天と地、宇宙現象、自然の法則、ひいては被葬者の身分とかかわるような意味をもっています。それに対して、人物像は全く違った、人間的な意味をもっています。描かれた男女人物のほとんどは持ち物を持っています。とくに男子は全員持っています。これは明らかに葬送の儀を意味していると考えられます。

もちろん個々にはいろいろな課題があります。持ち物の意味とか、服冠や髪形をはじめ服装の問題とか、衣服の色とか、遠近法や隈取りの技法とか、実に多様な問題を持っています。それは各専門の領域・項目で議論すればよいのですが、もっと根本的な問題も議論すべきでしょう。これは簡単には結論がでないと思いますが、議論はすべきです。二、三例を挙げておきます。

高松塚古墳壁画は東西に各々男子四人が群像形式で描かれています。女子像も同じです。ただいずれも四人の群像になっています。そこで、なぜ四人なのか、三人とか五人では駄目なのか。中国の古墳壁画を見ましても、高句麗古墳の壁画を見ましても、男女多くの人物が描かれています。それなのに高松塚古墳では整然と四人が描かれています。四人が描かれているということに特別な意味があるのでしょうか。

次に、高松塚古墳の東西女子群像の壁画を見ます。四人のうち前列に並ぶ二人は綺麗なカラフルな裳を着しています。それに対して奥側の二人は単色の裳を着しています。この違いは何を意味しているのでしょうか。被葬者との関係なのか、それとも身分の違いなのかはわかりませんが、とにかく位置と表現に異なるものがあることだけは確かです。そして各々二人に持ち物があり、そのうち、先に行く人物は、色の異なった団扇を翳しています。これには共通性はありますが、ほかの持ち物には違いがあります。上衣の色の相違にも問題があるでしょう。

また詳細に観察しますと、西壁面北側の緑色の上衣を着した人物の絵に描き違いのあることもわかります。

二　高句麗の古墳壁画との関連

高松塚古墳の四神や人物の壁画を見て、高句麗古墳壁画との共通性を挙げ、「高句麗の影響をうけている」といった意見があります。壁画があれば、高句麗だという人がいます。はたしてそうでしょうか。私にはそうとは思えないのです。

よく言われるように、高松塚古墳壁画の女子の服装が高句麗古墳壁画、とくに修山里古墳や雙楹塚古墳の女子群像と比較して共通性を述べられることが多いと思います。しかし、そのようなことはない。修山里古墳の女子像は頭髪の形や上衣と裳との関係も異なる。龕神塚や舞踊塚の壁画とも比べものにならないと考えます。

それのみか壁画の題材そのものが違う。また築造の時期が七世紀代とされる江西大墓や中墓と比較することもできません。私自身も

図１　江西中墓の青龍図

二度ばかり江西大・中墓を見学しましたが、江西大・中墓は石室の規模も高松塚古墳に比べてはるかに大きい。そして古墳そのものは横穴式石室であります。四神図を見ても江西大・中墓のものは雄渾であります。ところが青龍図にしても、白虎図にしても姿態が異なります。高松塚古墳の青龍、白虎図は前脚を揃えて、力強く踏ん張っています。対して江西大・中墓の青龍、白虎は足を上げ、飛翔するような形態であります。玄武図を見ても中墓の玄武と高松塚古墳の玄武は比較になりません。大墓の玄武図は亀の足が全然違う

図２　江西中墓の白虎図

し、亀に巻きつく蛇の絡み方が全く逆であります。

玄武の表現でありますが、通溝四神塚や五盔墳四号墳、五号墳のものと比較しても全く次元の違うものです。その他の図像を見ましても、高松塚古墳やキトラ古墳とは比較できないと思います。それに関連して梅山里古墳の青龍と玄武図と、高松塚古墳やキトラ古墳の壁画と比較して下さい。

玄武図については後に資料を示して私見を述べたいと思います。なお、高松塚古墳では朱雀の図は消失していまして、残存していま

せんでしたが、近在のキトラ古墳で確かめられました。これを高句麗壁画古墳の朱雀図と比較しますと、全く違います。

このようにみますと、高句麗古墳の壁画は日本の高松塚古墳やキトラ古墳壁画に影響を与えたとは考えることはできないと思います。その場合、高句麗古墳と日本の壁画古墳との関係はどう考えればよいのでしょうか。基本的に高句麗古墳も日本の古墳壁画も中国の影響を受けていることは間違いありません。したがって、そういう意味からすると、四神図のように同じ流れのものと考えられますが、中国から高句麗へ、中国から日本へというなかで、時代的に開きがあり、それを受ける条件が全く違います。

私は以前から高句麗古墳の壁画には中国の磚槨墓から継承した漢様式の壁画と先秦王符堅による中国北辺文化の高句麗への波及を考えてきました。したがって安岳三号墳に描かれたものと、集安や江西の壁画のものと二つの系譜があると考えてきました。これは簡単にいまここで説明できませんので、後日発表します論文を参照して下さい。

もう一点、高松塚古墳では男女群像一六人が描かれていました。キトラ古墳における先般来のデジタルカメラの撮影によりますと、

図 3　梅山里古墳の青龍図

図 4　梅山里古墳の玄武図

どうも獣頭人身の十二支像が描かれているらしいということが判明しています。

高句麗古墳の壁画には安岳一号墳や徳興里古墳のように獣頭鳥体図のようなものがあり、同様なものは中国の壁画のなかに見られますが、獣頭人身の壁画はないと思います。

その他、個々の具体的な例は挙げませんが、蓮華文にしても飛天図にしても、高句麗古墳と高松塚古墳やキトラ古墳と直接結び付く要素はないと思っています。

三　中国と日本との関係

高松塚古墳の石槨が見つかり、内部に入りまして、壁画を見て驚いたことは数多くありますが、そのうちの一つに東壁の青龍の頸に一際鮮やかな頸飾りのあることでした。考古学の場合、発掘して新しい資料に出会ったとき、すぐ判断のつくものと、数日とか数カ月経って調べた結果判明する場合もあります。もっと長い何年も、何十年も経過してやっとある程度の資料や類例が集まる場合もあります。青龍の頸飾りもそうだったのです。

最初見た時は、ただ驚いただけですが、すぐに同じようなものが奈良薬師寺の本尊・薬師如来の台座に刻された青龍にあることに気づきました。それからしばらくして正倉院宝物の中に同様なものが表現されていることがわかってきました。同時に中国で発掘されたり、保存されている文物の中の墓誌の彫刻や金銀器の中にもあることがわかりました。

さらに青龍だけでなく、朱雀や白虎、さらには玄武にもありました。ところで高句麗にはそのような類例はいまのところありません。ただし江西大・中墓に描かれた朱雀に頸飾りはみられますが、これは丸い輪のようなものがはめられている形式で、高松塚古墳の青龍のものと違います。

このようにして約五〇例の資料を集め、三型式に分類して『関西大学博物館紀要』第八号（二〇〇二年）に「古墳壁画・墓誌等にみる朱雀・鳳凰の図像について」と題してまとめておきました。その後、中国から関西大学の大学院博士課程後期に留学し、私のゼミにおりまして現在中国社会科学院考古研究所に勤務されています汪勃君が、莫大な中国文献を調べ、約一七〇例に及ぶ資料を集成しました。そうした研究の中で確かに高松塚古墳の青龍と同一の表現がみられ、明らかにその影響を受けていることがわかります。ここは高句麗と違う点です。

そのような例はありますが、だからといって高松塚古墳壁画が唐代壁画と同じであるかといいますと、全く違います。よく例に挙げられます西安北郊の永泰公主墓の女子群像と高松塚古墳の女子像とは違います。第一に古墳の規模、構造が違います。そして永泰公主墓の玄室東壁に描かれている女子像は人数において違います。さらに髪形や衣服の形、デザインが全く違います。両者の描かれた年代はほぼ同じ時期のものと考えられますが、女子像が描いてあるという以外はすべてに違いが見られます。

具体的な問題として、髪形を比較してみれば判然とします。したがって確かに中国唐代の影響を受けているかも知れませんが、高松塚古墳の女子像は、高句麗でも中国でもない、当時の日本の女性の風俗を描いた日本的なものとみてまず間違いないと思います。壁画があれば高句麗の影響だ、いや中国の影響だという前にもっと細か

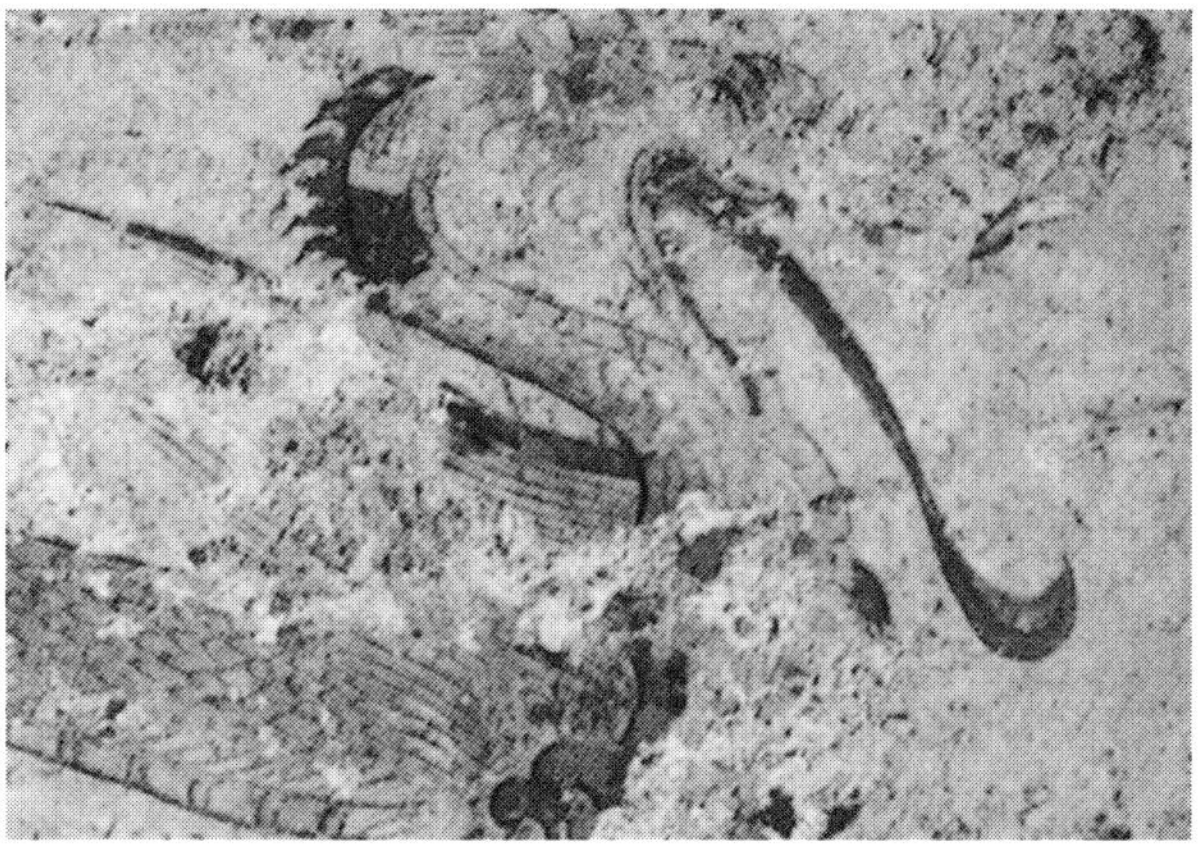

高松塚古墳

薬師寺本尊台座

高句麗江西大墓

図5　頸飾りのある青龍図

なところを比較検討されれば、そうでないということが明瞭になるだろうと思います。同時に「似ている。似ている。」と騒擾する必要はないと思います。

それと私の朱雀に対する理解は、一部を図6に示しましたように、四つの形態に分類しました。

まず、一つは鳥が止まって立っている状態、すなわち「静止」する姿です。日本では奈良県にあります西国三十三所の七番札所の名刹壺坂寺にあります「鳳凰磚」や、時代は少し下がりますが、京都府宇治平等院の鳳凰像などが有名です。江西大・中墓の朱雀がそうです。

次に鳥が足を開いて「歩行」している状態のものです。正倉院の宝物に何例かあります。

第三の形としては「頡頏《けっこう》」という例です。辞典を見ますと、頡頏とは鳥が飛び立つ時の姿、鳥が着地する時の姿をいうとあります。日本ではキトラ古墳の朱雀がそうですし、薬師寺本尊台座の朱雀もそうです。ただ、歩行と頡頏の区別がつきにくい場合があります。

最後に「飛翔」です。これは誰にでもわかります。足を揃え、後方に伸ばし、大空を飛んでいる姿を表わしています。そのように資料を整理しました。

四　玄武の図像に対する考え

このようにして、朱雀、鳳凰の図像の比較はできましたが、次の

第１類型「静止」

三室塚第３室西面第４層持送りの鳥

徳興里古墳の壁画の鳥

蘇思勗墓壁画の朱雀

高元珪墓壁画の朱雀

第２類型「歩行」

薬水里壁画古墳の朱雀

集安四神塚玄室南壁の獣面鳥身

府君張漸墓誌の朱雀

第３類型「頡頏」

飛鳥キトラ古墳の朱雀

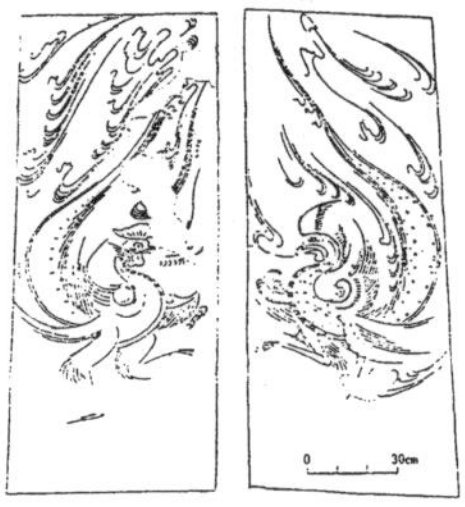

真坡里１号墳の朱雀

魏胡明相の墓誌の朱雀

豆盧建墓誌の朱雀

史思礼墓誌蓋の朱雀

鄭国大長公主墓誌の朱雀

宝鶏市法門寺地宮の鳳凰文

第４類型「飛翔」

真坡里第１号墳の鳥

集安五盔墳４号墳壁画の朱雀

唐節愍太子李重俊墓の鳥形文

図６　朱雀の４つの形態

課題として玄武があります。高句麗古墳の壁画の玄武を見てみる必要があります。

主としてアジアの文物にみられる玄武図（図7）を集成し、次のように分類しました。

第一類として亀と蛇が、亀の顔の前で向かい合うもの。これには蛇が亀の甲羅に巻き付くもの（A式）と、多重に巻き付いているもの（B式）があります。これは薬水里古墳にあります。

第二類というのは亀と蛇が亀の甲羅の上で向かい合うもので、そのうち蛇の体が8の字形に絡むものをA式、高松塚古墳やキトラ古墳のように一重に絡むものをB式。これには江西大墓の玄武も入ります。そして中国の壁画や文物にみられる蛇が何重にも絡むC式があります。

このように分類してみてきますと、集安の四神塚や五盔墳四号墳などは他にみることができない高句麗独自のものといえます。

さらに、キトラ古墳で朱雀図が見つかったとき、ある研究者が青龍、朱雀、白虎、玄武の向きが時計回りに廻るといった所見を発表されましたが、そのようなことはありません。玄武は明らかに西を向いているのです。しかし、中国の壁画をみますと完全に東を向いているのがあります。これをキトラ古墳の玄武と対比しますと明らかに違っているのです。このような思いつきのようなことを言うものではありません。

江西大墓の玄武図と高松塚古墳やキトラ古墳の玄武図が同じだから高句麗の影響だという人がいます。江西大墓の玄武と日本の壁画古墳の玄武と同じだから高句麗の影響だと考えられるのです。だけど両者をよく見て比較して下さい。前にも言いましたように蛇の絡み方が両者全く逆になっています。江西中墓の玄武図を見て下さい。これがどうして同じと考えられるのですか。それなのに、大雑把にみて形が似ているから同じだとして、これが文化の影響だとするような考え方をしてしまいますと、もうどうにもならないと思います。

そのような例はほかにもあります。高句麗の古都平壌に東明王陵があります。高句麗の始祖東明王の陵だというのです。もちろん、後世に築造したものでしょうけれど。というのは、高句麗という国はここが発祥の地でないのですから……。それはそれとして、この東明王陵の前に定陵寺という寺がありました。寺跡は残っています。最近立派な伽藍が復元されたらしいですが……。

東明王陵と定陵寺。この関係は河内にあります聖徳太子墓と叡福《えいふく》寺《じ》という関係だからこれは高句麗の影響だと主張されるのです。それだけを聞いていますと本当のように思われますが、天武・持統天皇陵だとされる奈良県明日香村の大内山陵の前にはいまのところ寺院跡は見当たりません。いうまでもなく、天武天皇は壬申の乱の前に出家してお坊さんになった天皇です。いわば法師天皇です。皇后であった持統天皇も篤く仏教を崇められました。

もう一人、総国分寺の東大寺を建立し、諸国に国分寺、国分尼寺を建立して鎮護国家を願った聖武天皇の御陵の前にも寺は見当りません。そうすると聖徳太子墓の例だけもってきて、天武・持統陵や聖武陵を無視するのはよくありません。すなわち、聖徳太子墓の例だけで高句麗の影響だという理論は成り立ちません。むしろ、合わないものをどう考えるかということが問題なのです。

ある研究者が藤原京の中軸線に天武・持統陵があり、さらにその

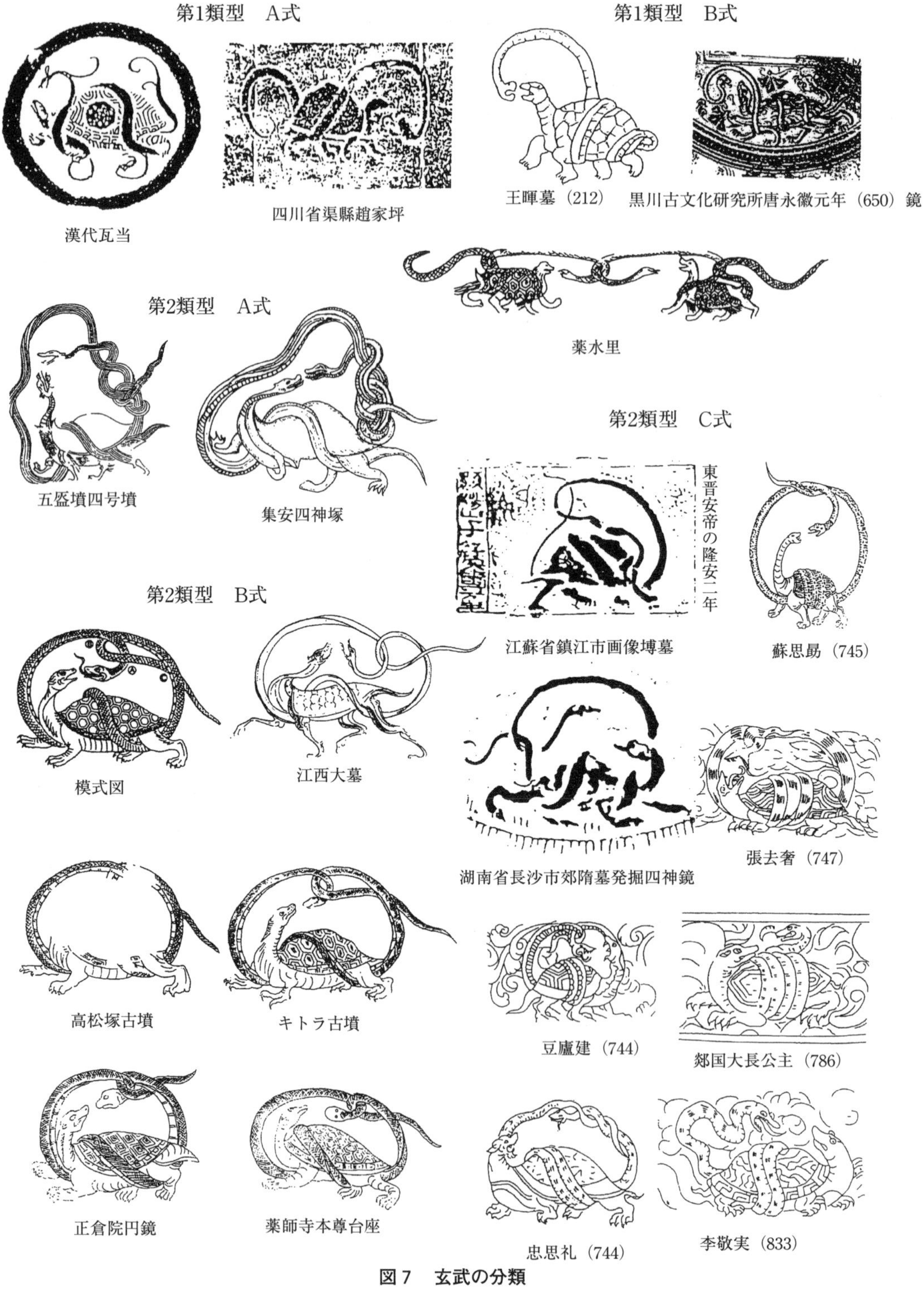
第1類型　A式
漢代瓦当
四川省渠縣趙家坪
第1類型　B式
王暉墓（212）
黒川古文化研究所唐永徽元年（650）鏡
薬水里
第2類型　A式
五盔墳四号墳
集安四神塚
第2類型　C式
東晋安帝の隆安二年
江蘇省鎮江市画像塼墓
蘇思勗（745）
第2類型　B式
模式図
江西大墓
湖南省長沙市郊隋墓発掘四神鏡
張去奢（747）
高松塚古墳
キトラ古墳
豆盧建（744）
郯国大長公主（786）
正倉院円鏡
薬師寺本尊台座
忠思礼（744）
李敬実（833）

図7　玄武の分類

図８　江西中墓の玄武図

南の線上に高松塚古墳が位置するから、これは「聖なるライン」だと考えた人がいます。しかし、高松塚古墳はこの線上から西へ大きく離れています。そこでまたある人は「聖なるゾーン」だと言っていました。私の同僚の高橋三知雄教授は、乗るものだけを挙げていかにも意義あるように言うのはよくないことで、それを言うならば乗らないものを、なぜ乗らないのかという説明をすることが学問だといっておられました。私もそう思います。

　たとえば、三輪山の頂上から二上山の雄獄を結んで直線を引き、その下にある遺跡だけをいかにも意味あるような説明をするのはよくないことだ。乗るということに意義をもたせようとするならば、乗らないものが、なぜ乗らないのかという意義の説明をすることが必要です。果たして、「聖なるライン」なるものが存在したのか。私たちは否定的に考えています。合わせてこの線上にあります二基の家型石棺を納めた菖《しょう》蒲《ぶ》池《いけ》古墳の被葬者の問題もからんできます。

　被葬者の問題について、高松塚古墳の被葬者の候補が一〇人近く挙げられています。みんなそれぞれ著名な考古学や古代史の研究者ですが、私見を主張されただけで一つも問題解決に向いていないのです。それはなぜかと言いますと、人の意見を全く聞かず、批判もなされず、「私はこう思う」ということに終始しているからです。これではいつまでたっても問題解決にはなりません。

　高松塚古墳の壁画をみて、「これはすばらしい」「美しい」と讃していても学問にはなりません。高松塚古墳を別の面から検討することが大切です。私は高松塚古墳の壁画が何人かの絵師によって無造作、無計画に描かれたものとは思いません。壁画を描くということに周到な計画があったと思うのです。

　大塚初重先生の喜寿をお祝いして近く『新世紀の考古学』という論文集が刊行されることになっています。私も一編を寄稿しました。それは高松塚壁画の描写にあたっての極めて正確な計画があったという事実の指摘です。今ここでは詳しい寸尺を挙げて説明はできませんが、当時の物差しの単位を唐尺とみて、高松塚古墳ではそれを二九・四センチと換算しますと、天井の星宿のうち中心の北極が石槨全長の中央に位置しますし、東壁男子像の冠の位置が天井から二九・五センチ、対する西壁男子の冠の位置も天井から二九・五センチで一ミリの違いもありません。

　また東壁女子群像の最も下端のフリルの位置が床面から四四・〇センチ、対する西壁も四四・〇センチと、ここでも一ミリの狂いもありません。離れた位置に描かれた絵が、現在の正確な計測器で測定しても一ミリも違わないということは極めてすぐれた技術だと思います。

　その他の箇所にも四四・三センチから四四・五センチという共通の数字がみられます。このような長さは恐らく高松塚古墳の築造や壁画の描写に使用された二九・四センチ、唐尺一尺の一尺五寸に相当するものと思います。なお、飛鳥の地域にあります特別史跡山田寺跡の発掘調査によりますと、天武・持統朝に創建されたとみられる講堂での使用尺が二九・四五センチとされるのは興味深いことであり、このようなことが高松塚古墳築造に行なわれていたということに驚嘆するのです。

　私たちは、このような視点に立って壁画描写の手法からみて高松塚古墳の非常にすぐれた点や日本人が持っていた高度な技術を知ることによって、日本古代文化を見直し、確認する必要があるのではないかと思います。

　時間の関係もありますので、舌足らずであったかもしれませんが、講演の部はこれで終わることにいたします。

（拍手）

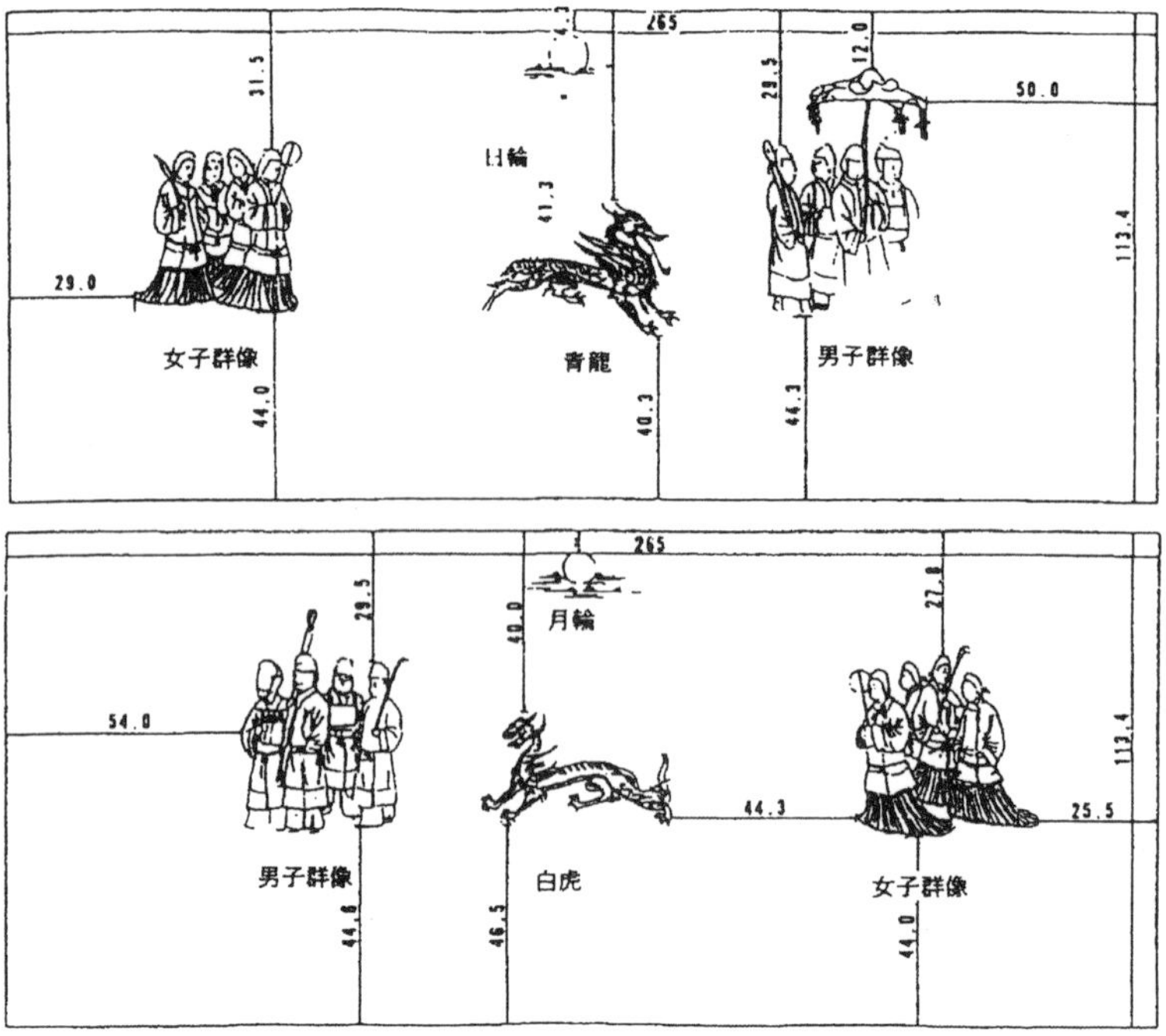

図9　高松塚古墳壁画人物像の高さ比較図
（上：東壁，下：西壁）

図10　高松塚古墳石室西壁の女子群像

北部九州の装飾古墳とその展開

西谷　正

今日は北部九州の装飾古墳ということでお話をさせていただきますが、九州の古墳文化で、九州が誇れるブランド物といえば装飾古墳でございます。全国で装飾古墳はおよそ六〇〇カ所ほどあると言われていますけれども、その半分以上にあたる三五〇カ所ほどが北部九州にあります。昨年も実は熊本県と福岡市で新たに発見されていますので、まだ増えると思います。そういうこともあって、九州の装飾古墳というのは日本の古墳文化の中でも特異な存在でございます。

装飾古墳につきましては、昔から習慣的にそのように呼んでいますが、内容的には壁画古墳と言ってもいいものです。ただ、壁画古墳と申しますと、ただいまのお話にありました永泰公主墓の壁画のような、中国・唐の壁画とか、あるいは朝鮮・高句麗の壁画と比べますとだいぶ素朴といいましょうか、簡単だということです。そういう壁画古墳のイメージからすると、装飾古墳と呼ぶほうがいいのかなと思ったりもいたします。それはともかくとしまして、習慣的に装飾古墳という呼び方をしております。

一　装飾古墳のはじまり

さて、九州の装飾古墳がいつごろから出てくるかということが、まず問題になります。

ここで、「石人山古墳の石室と横口式石棺」という図をご覧いただきましょう（図1）。福岡県の南部には八女《やめ》古墳群という古墳群がありまして、その一番西の端に石人山《せきじんざん》古墳と呼ばれる大型の前方後円墳があり、そこの後円部の上に、埴輪ではなくて石造の武人像があるところからこの名前がきています。そこの横穴式石室の中に、図にあるような石棺が置かれているのです。この石棺では短いほうから出入りできるようになっています。そして、口が開いていますので、横口式石棺と呼んでいます。この横口式石棺の蓋の部分ですが、これが屋根型をしていますので、家型石棺というわけです。屋根型をした蓋の部分に、図のように円形とか十文字を組んで、そこに弧線文と直線文を組み合わせて表現したいわゆる直弧文が刻まれていまして、これが今のところ、一番古い装飾古墳の一つのあり方であろうと言われています。

この石人山古墳の年代に関しては、現在では五世紀の中ごろと考えられます。いずれにしましても、古墳時代中期の五世紀の中ごろに、横穴式石室の中の横口式石棺の蓋石に直弧文とか円文といった、いわゆる幾何学文で飾る装飾古墳が登場するわけです。

ところが最近になりまして、熊本県の研究者が「そうではなくて、むしろ熊本県つまり肥後の地に、古い装飾古墳がある」ということを言い出しています。それは、このレジュメには出てきませんけれども、熊本県に八代市という所がありまして、そこに小鼠蔵《こそぞう》二号墳というのがございます。そこに円文が描かれているんです。どうもそれが五世紀でも初めのころに来るんではないかということです。

この小鼠蔵二号墳に続くと思われる五世紀の中ごろに近い、あるいは前半といったほうがいいかもしれませんが、今度は大鼠蔵《おおそぞう》という、そこの東の麓の一号墳という所では円文以外に靫《ゆぎ》とか盾、あるいは弓といったものが出てきております。従来装飾古墳は、八女古墳群の中の石人山古墳ぐらいから始まって、だんだん広がっていくという考え方が一般的でした。しかし、そうではなくて、むしろもっと南の熊本県の八代付近で、五世紀の初めに装飾古墳が始まって、むしろ北上していくんだというわけです。北から南へではなくて、南から北へと次第に広がっていくんだという見解が最近では出てきているのです。いずれにしましても、五世紀の中ごろから後半

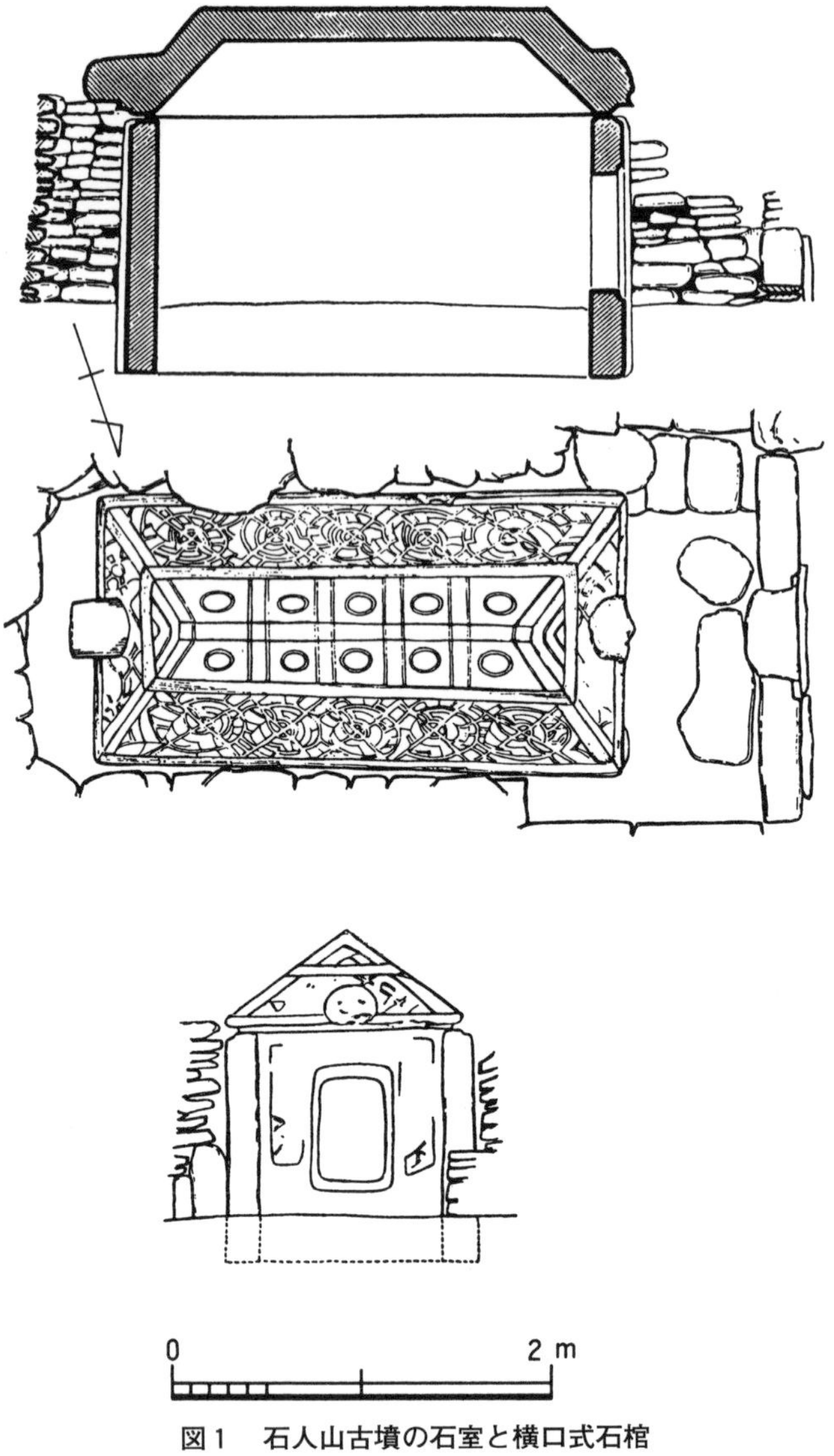

図1　石人山古墳の石室と横口式石棺

（『福岡県史蹟名勝天然記念物調査報告書』第12輯より）

にかけまして北部九州の福岡県辺りに、そういう装飾のある埋葬施設が出てくるわけです。

もう一つの例が浦山古墳です。ここでもやはり横穴式石室の中に横口式の石棺があります（図2）。この場合は、石棺の身の部分の内側の所に文様を刻み、彩色しています。そういうものでございます。ここも直弧文というものが描いてあります。こういったものが大体、九州の古い装飾古墳の例でして、石棺に主として幾何学文で飾るというやり方で登場いたします。

その後、井寺《いでら》古墳が出現します。墳丘測量図と石室の実測図（図3）を掲げておきましたが、この井寺古墳は五世紀の終わりか六世紀に入るころのものです。この場合は石棺ではなく、石室の側壁の下の部分についたてのような石を巡らしていますが、これを石障と言います。そこに直弧文、あるいはその他の文様を描くというかたちで、今度は新しいタイプとしてだんだん広まっていくのです。

同じ図3の右側上は熊本市千金甲《せごんこう》一号墳でございます。これも基本的には同じで上下二段に九等分しまして、その中に円文と十字文を交互に並べています。いずれにしましても、幾何学的な文様で飾るというやり方、そういうかたちで五世紀の終わりからだんだんと広がっていくわけです。

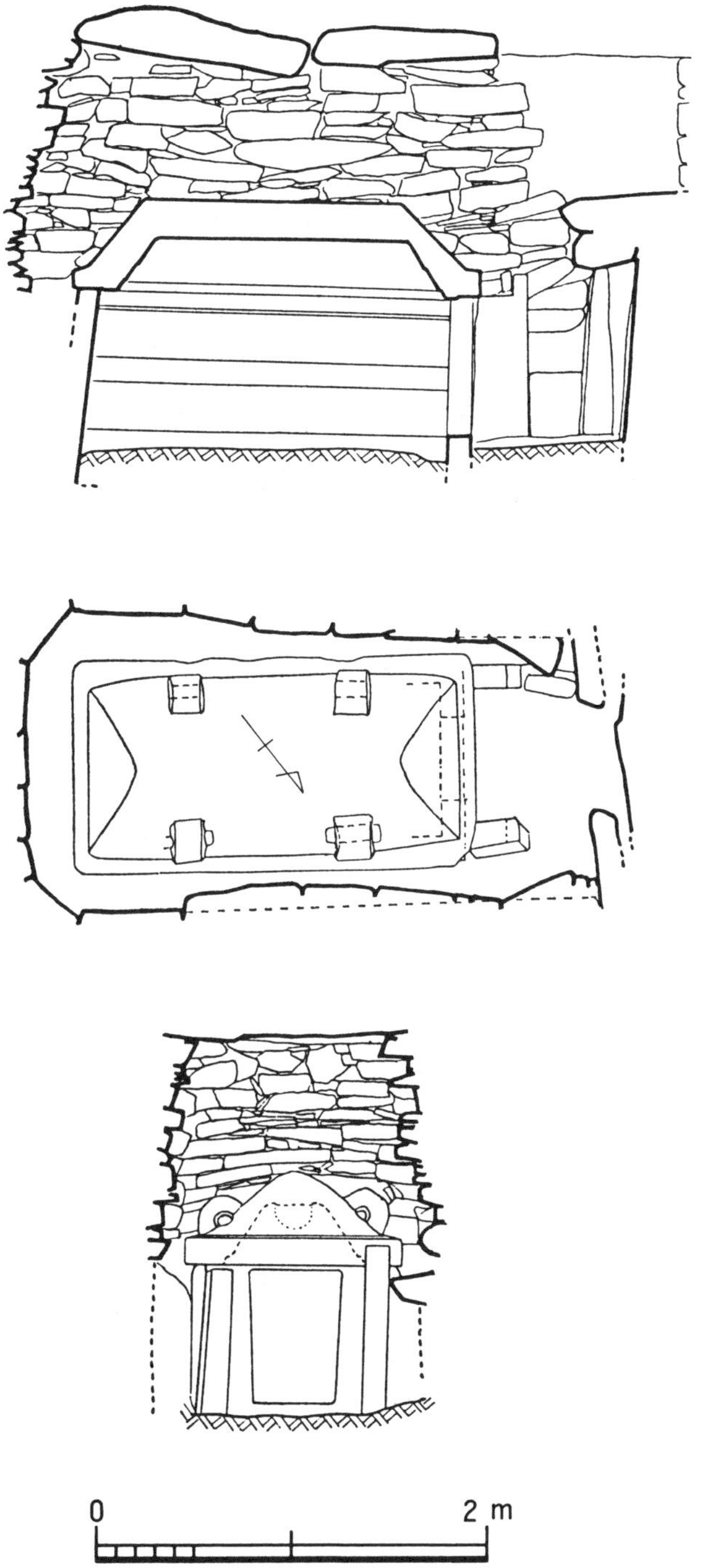

図2　浦山古墳の石室と石棺
（『京都帝国大学文学部考古学研究報告』第3冊より）

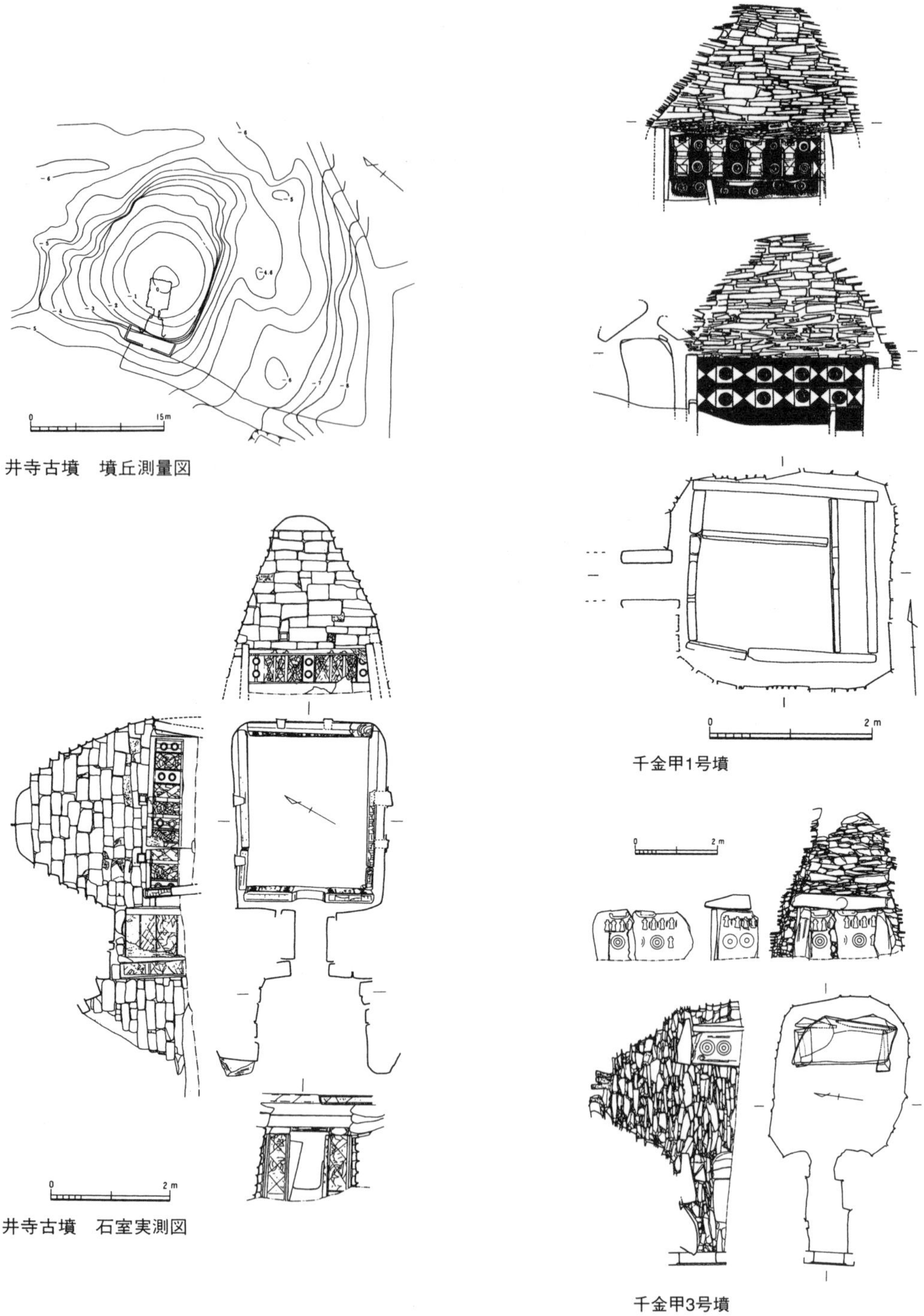

図3　井寺古墳墳丘、石室実測図および千金甲古墳石室実測図
（『熊本県文化財調査報告』第68集より）

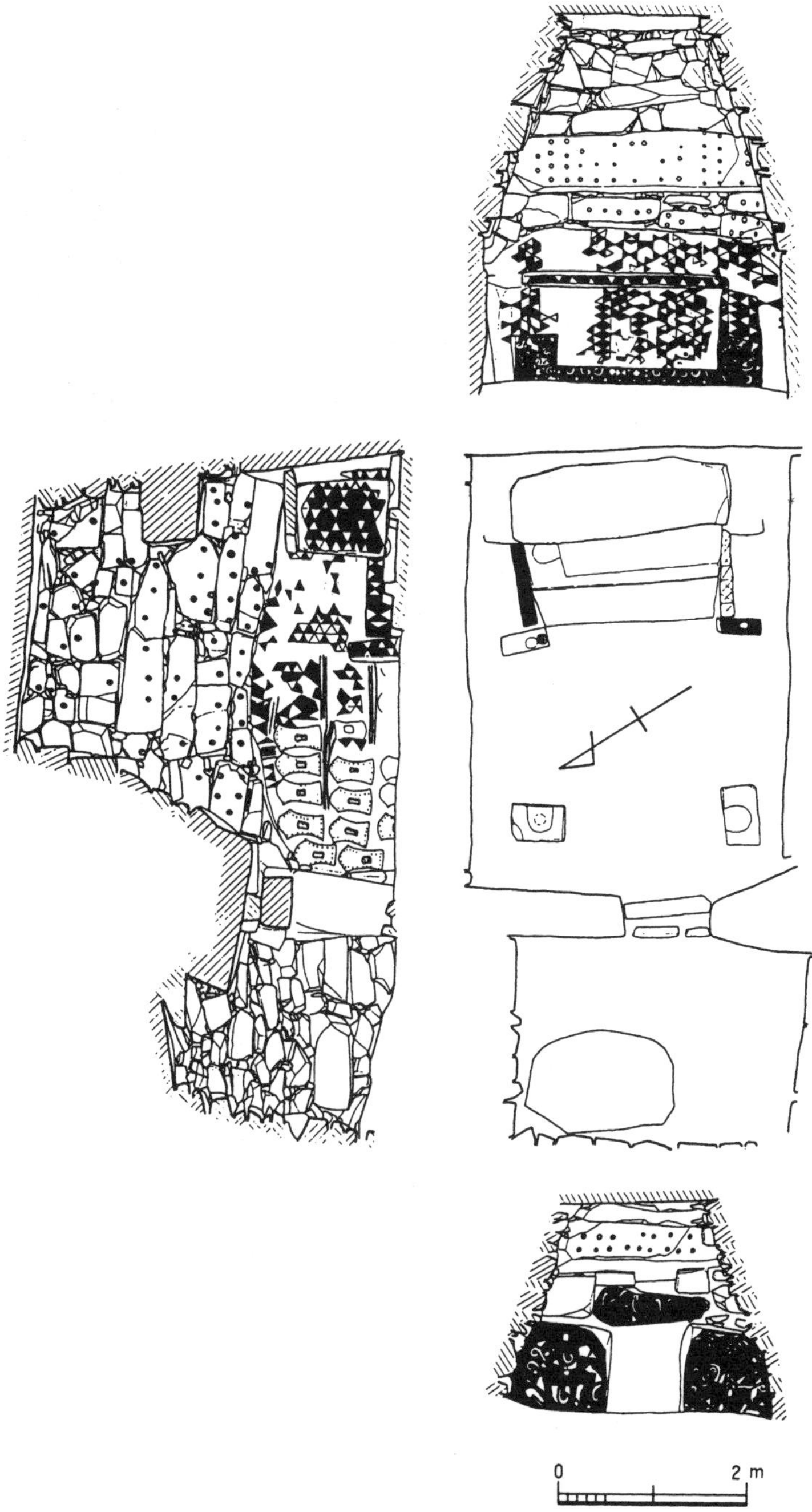

図4　王塚古墳の横穴式石室

（『京都帝国大学文学部考古学研究報告』第15冊）

二　形象図文の登場

ところが六世紀に入りますと、大きな変化が出て参ります。それが図3の右下にある千金甲三号墳です。千金甲三号墳になりますと、石室の奥に石の屋形、つまり石の家状のものが設置されるなど、また新たな構造の変化があるわけです。そこに装飾が施されるんですが、この古墳の大きな特徴は、今までの幾何学文と違って、もちろん幾何学文も残りますけれど、新たにいろいろな造形物を表現する形象図文が登場します。

たとえば直弧文はなくなって円文は残りますが、ここにありますように盾とか、そういう新たな題材が石室の中に表現されるようになっていきます。構造的にも、今度は石障から石の屋形というかたちで新たなものが生まれてくるわけです。それが六世紀の前半のことです。

そのころになりまして熊本県、つまり北部九州と言うよりも中部九州と言ったらいいかもしれませんが、その辺りで発展を遂げてき

図５　竹原古墳の壁画（いずれも森貞次郎原図）

図６　竹原古墳の朱雀図
（日下八光模写、国立歴史民俗博物館提供）

た装飾古墳の技法が六世紀に入りまして、奈良時代以後、筑後と呼んでいる現在の福岡県の南部辺りに広がっていくのです。さらに筑後だけではなくもちろん筑前にも広がっていきます。そのように、古代に筑紫と言われた地域に広がって参ります。その典型的な例が王塚古墳の横穴式石室に見られます（図４）。ここでは先ほどの千金甲三号墳と同様に横穴式石室の奥の玄室に石の屋形を造っています。この点も共通しています。そして三角の文様を連続させたり、あるいはそのほか円文であるとか、そのような肥後で盛んに描かれた装飾文様が出てきます。

　さらにここの場合は、盾・馬・人物とか題材が非常に豊富になっていきますね。いずれにしましても横穴式石室に石の屋形を造り、その内外の全面に幾何学文様プラスいろんな物や人などもかたどった形象図文が登場するということです。その時期、つまり六世紀の後半になりまして現在の熊本県、古代の肥後地域から現在の福岡県、古代の筑紫といった地域に装飾古墳の分布がずっと広がっていきます。そして北部九州の福岡県で典型的なものがいくつか登場するということです。

同じ図5に竹原《たけはら》古墳の壁画の例を挙げておきました。ここは複室構造になっています。羨道すなわち通路を入っていきますと前室があり、そして奥室があるわけです。前室を入ってすぐ目に入る所にご覧のような、左には先ほどお話のありました玄武の可能性のあるもの、また右側に朱雀の可能性のあるものがそれぞれ描かれています。朱雀につきましては、少し暗くてわかりませんけれども、模写図を載せておきました（図6）。

その前室から奥を見通しますと、玄室の奥壁に見事な壁画が描かれています。これはもう皆さんおなじみの絵だと思います。その拡大図を図5の上に挙げておきました。ご覧いただきますように、下に波が表現してあり、両側に翳《さしば》といって高貴な人の頭部に持ちかける一つの威儀具が両側に描かれています。真ん中には船とか馬があります。とくに人物が馬を引いている感じです。一番上に何とも言えない怪獣が表現されております。これについてはいろいろと説があって、空想上の文字通り怪獣と考えるか、龍と考えるか、あるいは馬と考えるかいろんな見方があるのです。

これも有名な話で皆さんご存じと思いますが、人類学者の金関丈夫先生が、この下に馬がありますけれども、龍と見立てて馬に龍の種を付けてもらう場面を表現しているのではないかというわけです。そういう伝承が中国にあって、龍を媒介するということから、龍媒伝説と呼ばれ、それで解釈されようとしたわけです。これについてもいろんな解釈があることは皆さんもご承知の通りでございます。いずれにしましても、五世紀における幾何学文中心から、いろんな造形を表現する題材へと変わっていったのです。横穴式石室という部屋の中を豪華絢爛とでも申しましょうか、いっぱいに飾った典型的な例として王塚古墳や竹原古墳があるのでございます。

今まで申してきましたものは、いずれも横穴式石室が中心でござ

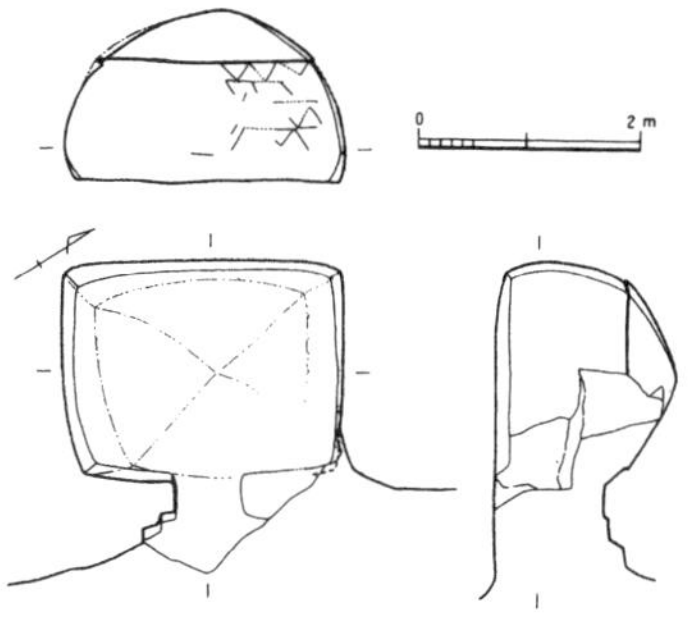

鍋田横穴群　27号実測図

鍋田横穴群　27号外壁の装飾

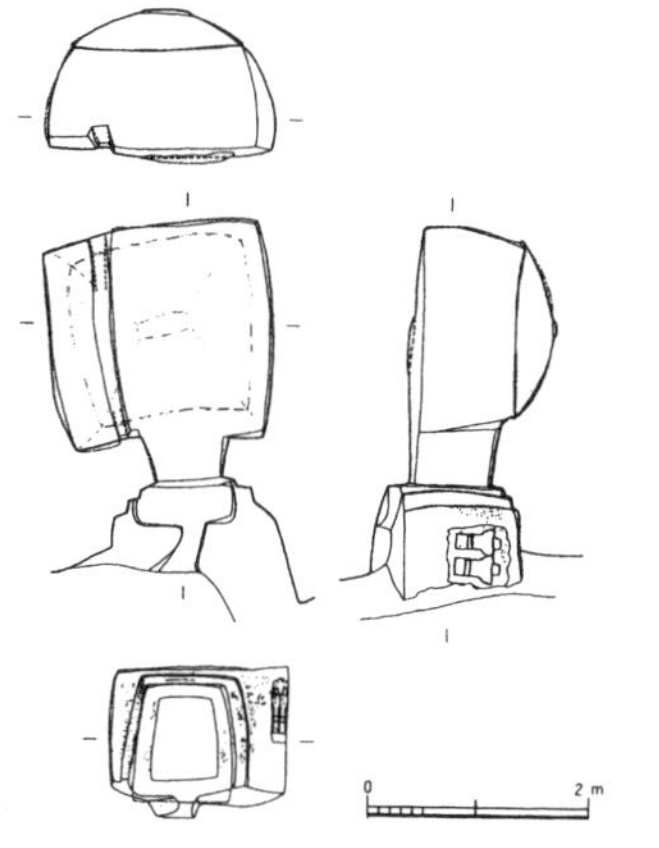

鍋田横穴群　14号実測図

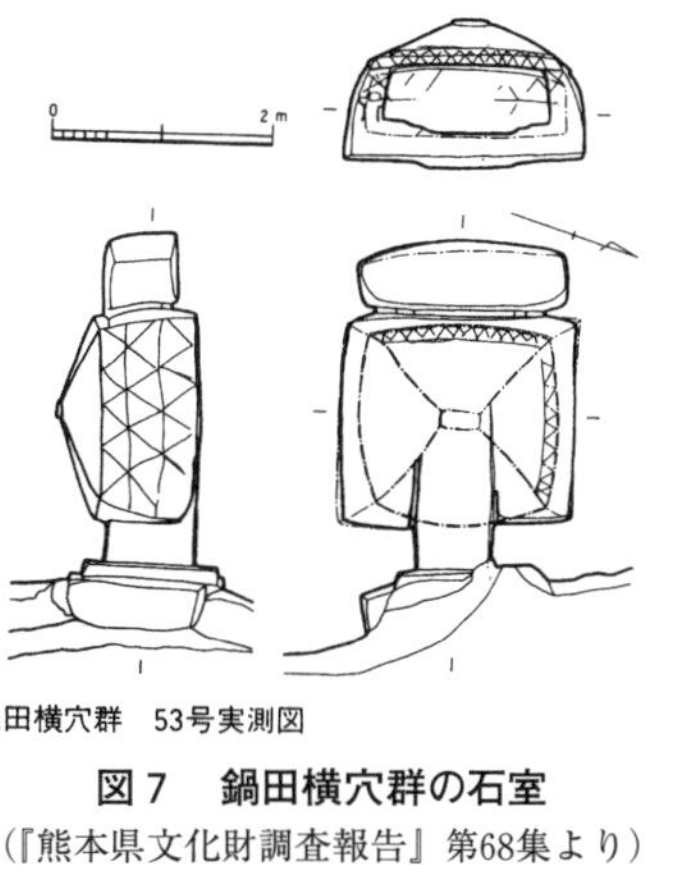

鍋田横穴群　53号実測図

図7　鍋田横穴群の石室

（『熊本県文化財調査報告』第68集より）

図8　九州、中国地方の装飾古墳分布図
（国立歴史民俗博物館編『装飾古墳の世界　図録』より）

いましたが、古墳時代を全国的に見ますと、石室だけではなくて横《おう》穴《けつ》あるいは横穴《よこあな》がございます。硬い岩盤の側面に穴を掘って、その中が部屋になっています。横穴式石室のように石を積み上げて造るのではなく、自然の岩盤を掘り込んで横に穴を掘る横穴です。図7に熊本県の鍋田《なべた》横穴群の例をいくつか挙げておきましたが、墓室の中に、たとえば一番下の場合ですと、側面の所に二本線を引っ張って斜格子状にし、あたかも三角形文を連続させているような文様、これも幾何学文です。そういうのを表現したものもあれば、上から二番目の二七号横穴の場合は、硬い岩盤を利用しているのですが、横穴のすぐ左の入り口の所に右から人物、それも足を広げて両手を挙げ、さらに右手には弓を持つというものです。そして、そのすぐ左に参りますと、矢が数本入った靭という矢の入れ物が表現されています。ずっと一番左に行きますと、盾の形をしたものがあります。こういったかたちで当時の人物像あるいは使われていた武器類、そういったものが描かれるというようなこともありまして、石室だけではなくて横穴といったものにももちろん見られるということです。ただし、あえて言えば横穴の場合の装飾は石室の方に比べると若干簡略化されているというか、そういった感じを受けるわけでございます。

そのようにしまして、六世紀の後半に北部九州・中部九州、さら

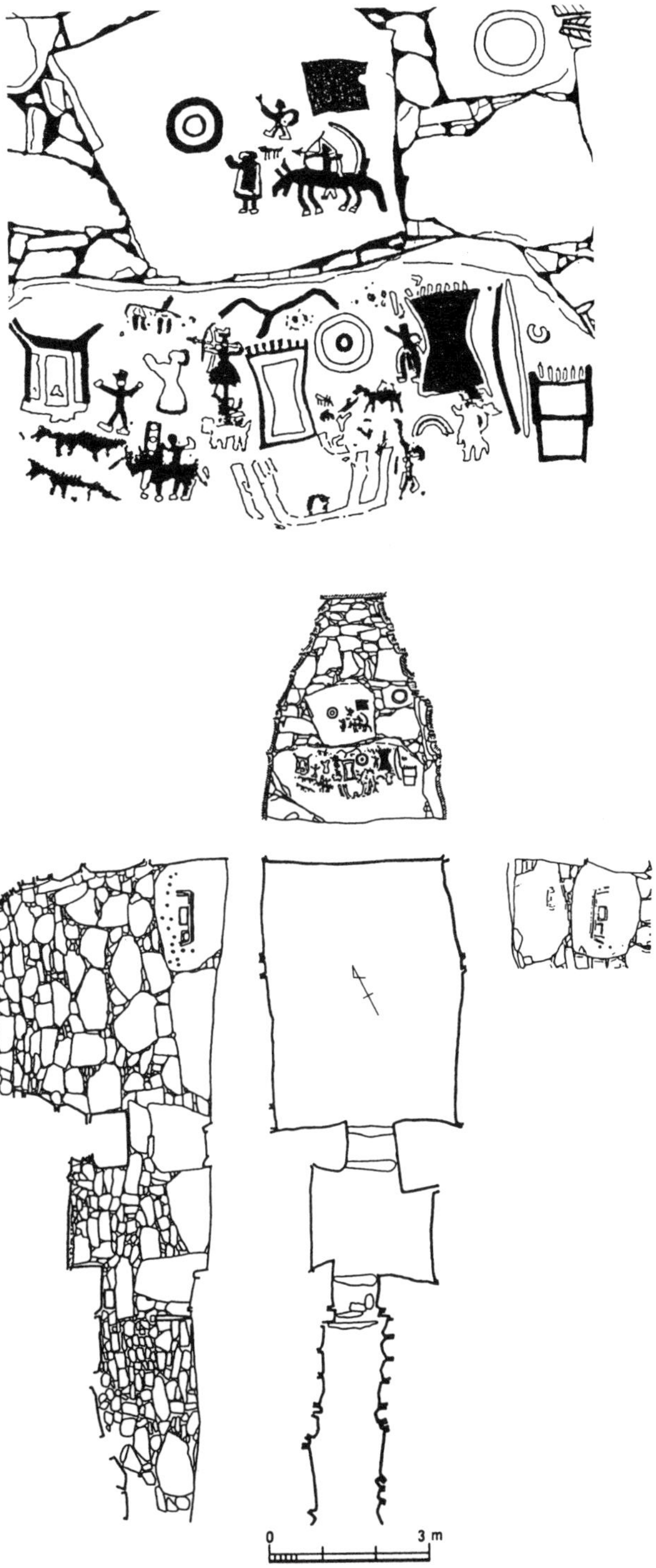

図9　五郎山古墳の壁画（小林行雄原図）**と横穴式石室**

には南部九州の宮崎県辺りまでずっと広がっていくということでございます。

そういう中でもう一つだけ紹介しておきますと、福岡県の筑紫野市という所に五郎山《ごろうやま》古墳があります。この古墳は国指定の史跡なんですが、最近整備されまして、ここの石室の実大模型が古墳の裾のところにある資料館に展示されていますので、ぜひともご覧いただきたいと思います。図9には下のほうに石室の平面図、側面図、奥壁画を描いていますが、そのうちの奥壁図をご覧いただきますと、一番奥壁の下の段から中段にかけまして随分豊富な装飾を施しているのです。

その拡大図が図9の一番上に出ていますが、下から申しますとご覧のように、先ほど来出てきている盾あるいは矢を入れる靫、そのほか馬に乗った人物であるとか、もちろん同心円文もあります。ここで注目されるのは、図の一番左下の所にある人物が馬に乗って弓を射ている絵です。その一番左下の所に二頭の動物が描かれています。ここには鹿もしくはイノシシを狩猟している非常に珍しい題材も見られます。こういう狩猟図というのは、福岡県中間市の瀬戸古墳群という横穴群で見られたのと二例にすぎません。ともあれ、全体としては武器とか武具のようなものが中心であるということが一つの特徴ではないかと思います。

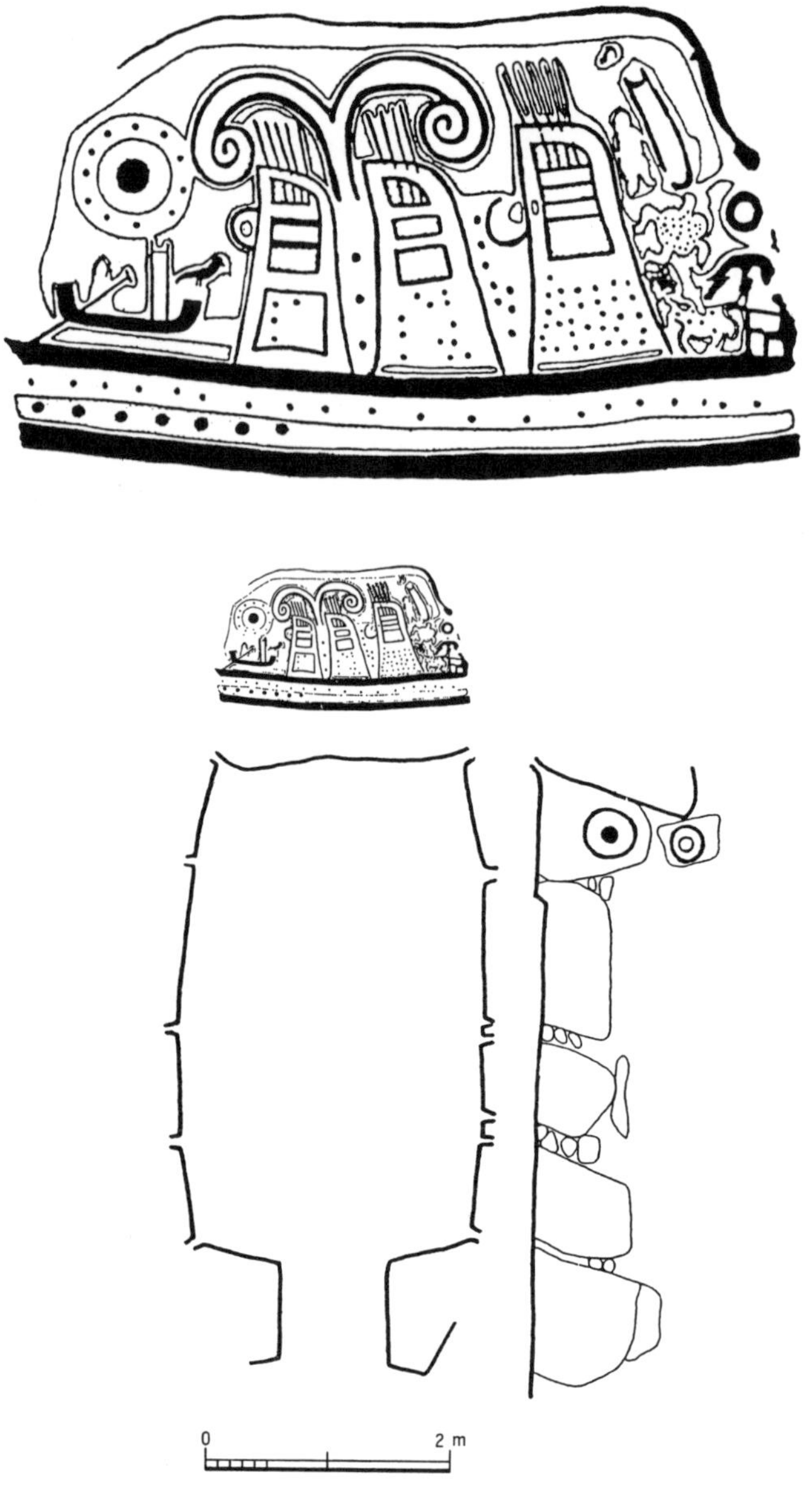

図10　珍敷塚古墳の壁画（小林行雄原図）**と横穴式石室**

以上のように、六世紀の後半に北部九州で大きく展開する装飾古墳ではありますが、その中でとくに注目したいものがございます。

まず、福岡県浮羽郡にある珍敷塚《めずらしづか》という、これもおなじみの装飾古墳であります。その奥壁に描かれた絵が図10に拡大図として載せてあります。これを左から見ていきますと、船に人物が乗っていて、そのへさきの所に鳥が止まっています。真ん中のところには靭がありまして、その靭の中にはもちろん矢が入れられている姿も表現されています。ここで一番注目していただきたいと思いますのは、その右端のほうにある図柄です。

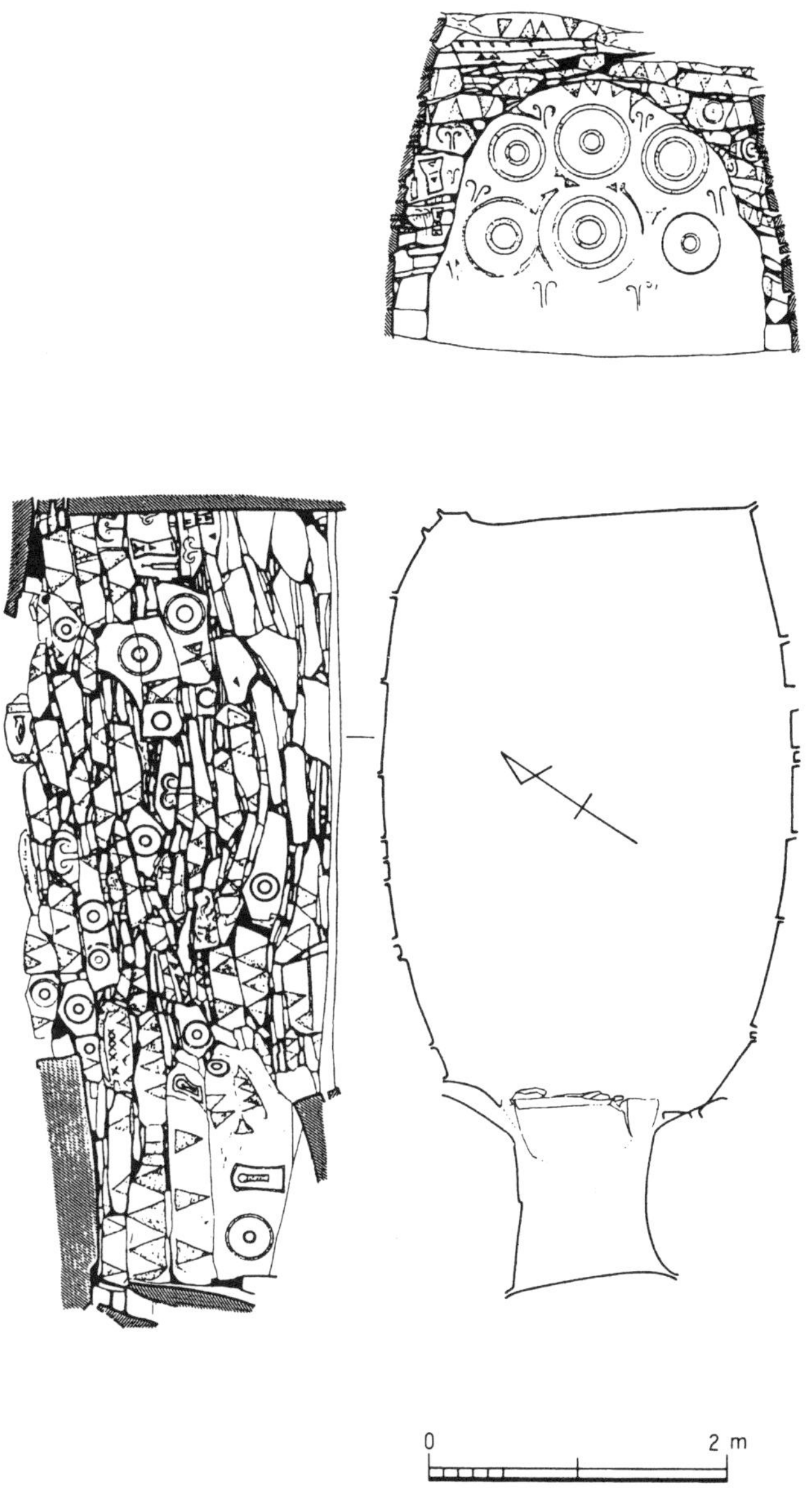

図11　日ノ岡古墳の横穴式石室
（『吉井町文化財調査報告書』第４集より）

一番右端に円文がありますが、そのすぐ左のところに「……」で埋めて示した図が二カ所あります。もう有名なことですから、ここにいらっしゃる皆さんはご存じかもしれませんけれども、これはヒキガエルを表現しているのです。ヒキガエルは当時の古い言葉で言うと蟾蜍《せんじょ》と呼ばれます。これもまた皆さんご承知の通り、中国の古典『淮南子《えなんじ》』という書物の中に「月に蟾蜍あり」と書かれていることから、月を示すのに蟾蜍つまりヒキガエルをもって表現したということがわかります。それを現実に絵として表現しているというものが、朝鮮・高句麗の壁画古墳にあることはよくご承知の通りでございます。

　このように、先ほどの竹原古墳の玄武や朱雀といい、とくに朱雀は私ども間違いなく朱雀だと思いますが、さらにこのように月を表現する蟾蜍、つまりヒキガエルが描かれているということから連想することは私だけではなくて恐らく皆さん、高句麗の壁画古墳の中のそういう題材ではないかと思うのです。そういうわけで、九州の装飾古墳の中に六世紀の後半になりますと、高句麗の壁画古墳の題材が部分的ではありますが、表現されているということは間違いないのではないでしょうか。

　そういう意味で私がもう一つ注目しておりますのは、日ノ岡《ひのおか》古墳の横穴式石室です。図11に石室の平面図と左側の側壁と奥壁を図化しております。とくに奥壁をご覧いただきますと、一番大きな鏡石いっぱいに同心円文が描かれています。もちろん左の側壁にも描かれています。その場合は右側もそうですが、同心円文だけではなく、盾形の器物を表現した絵も見られるということです。この日ノ岡古墳というのは九州あるいは日本の装飾古墳の中でも非常に特異な存在ではないかと思うんですね。特異と申しますのは、そのような同心円文を多用しているというか、それを主としているという点です。

　この点につきましても、高句麗の集安で、戦前に調査された古墳の中に、円形の文様があるというので環文塚《かんもんづか》と命名された古墳があります。この古墳はその名称の通り壁画の題材の主体は円あるいは同心円文なんです。そういうことから言いますと、私はこのような九州の装飾古墳の同心円文も高句麗の影響ではないかと思います。先ほどの朱雀にしろ、今の蟾蜍にしろ、そしてこの環文もしくは円文といったものまで含んで、私は高句麗との関係を考えるべきではないかと思っております。

三　日ノ岡古墳と的氏

　日ノ岡古墳につきましては、大変興味深い話があります。この日ノ岡古墳のある所は、現在は福岡県の浮羽郡という所です。現在は浮上するとか、浮くの「浮」と羽根の「羽」と書いて「浮羽郡」と呼んでいますが、律令制時代には「生きる」の「生」という字と葉っぱの「葉」という字を書いて「生葉郡」と呼ばれた所です。そのように漢字表現がいろいろあるわけですが、『日本書紀』を見ますと、景行天皇が九州を巡行されていて的の邑に来られたと出てきます。この場合の「いくは」というのは、何とか的、公的とか私的の「的《てき》」あるいは「的《まと》」という字を当てています。これを「いくは」と読んでいるわけです。

　どうしてそのように「的の邑」と言うかと申しますと、その地名の伝承がそこに出てきます。『日本書紀』景行紀をご覧いただきますと、景行天皇が的の邑までやって来られた時に、そこには盞《うき》（盃《さかづき》）がありまして、それを「浮羽」と呼んだというわけです。そこで現在のように浮羽と呼んだと、そういった意味のことが書かれています。つまり、この日ノ岡古墳のある所は、古代には「浮羽」と呼ばれた所なんです。その漢字表現としては、そのほかに「生葉」あるいは「浮羽」と書かれたりしますが、いずれにしましても「いくは」です。私はどうもこれは本来的には「的《まと》」を表現しているのではないかと考えます。

　また、同心円文につきましてはいろいろと解釈されています。たとえば、古墳からよく出てくる鏡とか、日輪つまり太陽であるとか、あるいは蛇の目だとか諸説があります。もう一つ、的《まと》ではないかという解釈がございます。私はその点で、今申しましたように、こういう円形文につきましても、もともと「的《まと》」という字を当てて「いくは」と呼んでいたのだと思います。つまり「的の地である」というわけです。

実はここに「的氏《いくはし》」つまり「的《まと》の氏《うじ》」という姓があるということは重要です。ここには日ノ岡古墳だけではなく、大体四世紀の終わりからずっと古墳がたくさんあるところですね。全体を合わせますと、おそらく六〇〇基を越すくらいです。とくに六世紀後半になると、爆発的に群集墳が築かれるところです。その中には前方後円墳だけでも一〇基近くありまして、四世紀の終わりから五世紀、六世紀にかけて、この地域の豪族が次々と前方後円墳を造っていったのです。そういうまっただ中に前方後円墳である日ノ岡古墳が含まれます。

そういう意味で私は、現在の地名あるいは『和名類聚抄』から言いましても、古代それも古墳時代前期の終わりごろから中期、後期、そしてのちの奈良時代へと、ここには「的」という豪族がいたのです。その中にこういう的《まと》というか円形文が多用されているということは、「的《いくは》」という氏族の、言ってみればシンボルマークではないかというふうに最近では解釈しております。

そう申しますのは、大変興味深いことなんですが、これも有名な話です。『日本書紀』の仁徳天皇紀をご覧いただきますと、高麗国から鉄の盾と的を大和朝廷に献上してきたと書いてあるんですね。そこで朝廷では群臣をみんな集めて試そうとし、実際に鉄の盾や的を弓矢で射るんです。そうしますと、ある人物がその鉄の的を弓矢で見事に撃ち抜いたというわけです。そこで朝廷ではそれまで「盾《たて》持《も》ちの宿禰《すくね》」と言っていたけれども、「的《いくは》の戸田《とだ》の宿禰《すくね》」と呼ぶようになったというわけです。ですから、高麗国つまり高句麗からもたらされた鉄の的を射抜くほど弓の名手であったので、「いくは」つまり的《まと》という名前を付けたということが書かれているんですね。

これを読みまして私は、浮羽の地が「的氏《いくはし》」の本拠地であるというようなことから考えまして、同心円文は「的氏《いくはし》」あるいは「的《まと》氏《うじ》」のシンボルマークではないかと考えるようになったのです。

大塚先生の喜寿をお祝いして、全国のファンが文章を書いて論文集を差し上げることになっていますが、今お話したこの「的」の問題は、私が先生に捧げる論文でございます（西谷正「筑後・田主丸大塚古墳をめぐって」『新世紀の考古学』二〇〇三年）。五月に出る予定ですので、詳しくはそちらを是非ご覧いただきたいと思います。

そういうわけで、高句麗や北部九州で壁画古墳が展開する中で、とくに六世紀後半の群集墳の時代に地域の有力豪族の中で壁画として採用されていったのです。その中の題材に高句麗の影響が現われているといった問題があります。その背景に日本列島、朝鮮半島を含む北東アジアの国際情勢の変化の中で、高句麗と倭との関係が生まれてくる、と理解してみてはどうでしょうか。

四　若干の補足

時間はあと五、六分しかございませんけれども、少しスライドをご覧になって補足させていただきましょう。

これが石人山古墳の後円部の上にある石人（図12）でありまし

て、それから石人山という名称が生まれたのです。この石人山古墳の後円部に築かれました横穴式石室に入りますと石棺（図13）がありまして、その蓋の部分に円文とか直弧文なんかが刻まれています。こういったかたちで装飾古墳が始まるということです。それが六世紀後半になりまして、熊本県つまり肥後から現在の福岡県辺りにかけて、装飾古墳の分布が広がっていったのです。その典型的な例が王塚古墳（図14）でございます。現在は写真のような状況で整備されていますが、本来的には復元全長約八六メートルの大きな前方後円墳であったわけです。それが削られてなくなったいま、後円部の一部しか残っていませんが、この後円部に石室がございます。

図12　石人山古墳の石人

この写真（図15）はその側面の状況ですけれども、後円部と前方部の一部が部分的に復元されております。この後円部に横穴式石室が築かれています。これは入り口のほうから見たところです。前室左右の壁面には何も描かれていませんが、前室の奥の部分と玄室にはもう壁面いっぱいにご覧のように、盾とか円文とかが描かれています（図16）。最近この円文につきまして、天文図を表現しているのではないかという天文学者がおられます。もちろん、古くからそういう星座を表現しているのではないかという考古学者がおられました。しかし、天文学者で最近これを線で結んで北斗七星であるとか何とか、そういう解釈をしている人がございます。

図13　石人山古墳の石室と石棺

つぎに羨道を通って前室に入りますと、奥壁部分にご覧のように壁一面に壁画が描かれているのです。すなわち馬が一頭、蕨手のような文様、そして黒と赤で描かれた馬には小さく描かれた人物が乗っています。この人物は大きく手と足を広げて表現されています。そのほか双脚輪状文などもあります。

幾何学文以外には、人物やいろいろな図形が見られるということです。この写真は先ほどお話しました竹原古墳（図17）ですけれども、新幹線で博多から小倉に向かう途中に、新幹線の中から私が撮ったものです。こんもりした森が見えますが、これが竹原古墳ですね。入り口を入ってすぐ目に付くのが玄武と朱雀の壁画です。奥には先ほど説明いたしましたような見事な壁画が見られます。

そのような横穴式石室だけではなくて、いわゆる横穴の中にも見られるということは先ほど申しましたが、もちろん肥後だけではなくて全国的に分布しています。北部九州の装飾古墳、とくに福岡県にも瀬戸一四号横穴というのが知られておりまして、これなんかは比較的題材が豊富です。家の屋根を表現したり、あるいは狩猟図がありまして、先ほどお話いたしました五郎山古墳とともに数少ない題材ということでございます。船や馬・鳥があったり、横には人物が狩りをしているような場面が描かれています。

概して横穴式石室は大型の前方後円墳に多いのですが、横穴の場

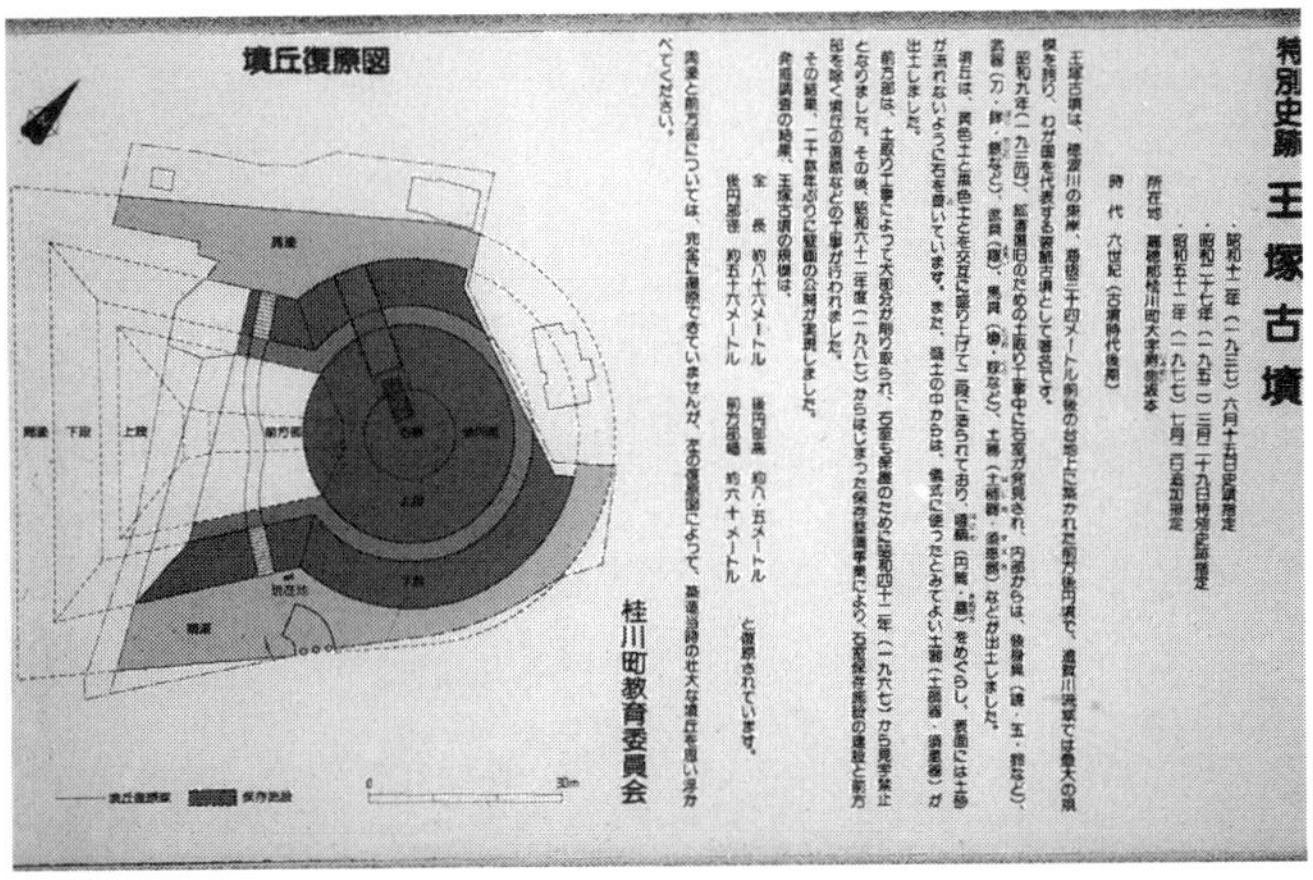

図14　王塚古墳の説明板

図15　王塚古墳全景

図16　王塚古墳前室（復元模型）
（国立歴史民俗博物館提供）

図17　新幹線からみた竹原古墳

合は装飾も簡略化されているということです。先ほど来出てきております竹原古墳ですけれども、前室の奥壁に朱雀と玄武、さらに玄室の奥壁に馬とか怪獣、翳、波といったこれも非常に豊富です。入り口から見たときの効果を狙った、こういう状況で今もガラス越しに見ることができますが、実に見事な壁画でございます。たとえば、日下八光先生のなさった朱雀の模写図が参考になりましょう。

先ほども北部九州の装飾古墳は高句麗との関係があると申しましたのは、全浩天先生のお話に出ました江西という所の中墓の朱雀図ですね。こういうものがモデルになっているんじゃないかと思います。南側の壁の両側に朱雀が描かれているのです。もちろん北、東、西にそれぞれ玄武、青龍、白虎の図が描かれているのです。今の壁画は中墓に描かれておりましたが、そのほか大墓・小墓にも壁画が見られます。私は昨年の四月に参りまして、その時撮った写真です（図18）。いわゆる江西三墓には、それぞれ見事な四神図が描かれていますので戦前から有名な所です。

もう一つ、こういう高句麗壁画古墳の中には、三足烏《さんそくがらす》とか蟾蜍つまりヒキガエルなども描かれています。これらは月や太陽を表現するということです。福岡県の珍敷塚古墳に描かれている蟾蜍（図19）がまさに高句麗とのかかわりで考えられているのです。また、

図18　江西三墓

同じく福岡県の日ノ岡古墳の同心円文（図20）のルーツになるのが中国・吉林省の集安にある環文塚ではないかと思います。この古墳では同心円文が壁画の主体をなしているということでございます。

以上で私のお話を終わらせていただきます。ありがとうございました。（拍手）

図19　珍敷塚古墳の蟾蜍図（右端付近）など

図20　日ノ岡古墳の同心円文など

高句麗古墳壁画と古代日本

全　浩　天

朝鮮半島の壁画古墳といえば高句麗壁画古墳が中心です。高句麗壁画古墳は現在まで約九二基が発掘調査されております。具体的に言いますと、現在の朝鮮民主主義人民共和国ピョンヤン市とその周辺に五七基、ピョンヤン市の南西に位置する黄海南道に一二基、中国吉林省集安市に二一基と遼寧省桓仁県に一基、遼陽市に一基があります。朝鮮半島の壁画古墳を語るとすれば高句麗壁画の影響を受けた百済や伽耶、新羅のいくつかの壁画古墳をも指摘しなければなりませんが、ここでは時間の関係上省略させていただきます。

最も早い時期の高句麗壁画古墳は、二世紀後半と末の南浦市港口区域の牛山里二号墳と江西区域台城里二号墳です。したがって高句麗壁画古墳の発生は二世紀後半であり、その終末は七世紀初の江西大墓です。実に高句麗壁画古墳はこのように四世紀にわたって連綿と継続、変遷・発展してきたのです。

その壁画内容は多様、多面的で豊かです。華麗そして豪壮であるばかりでなく繊細、優雅で情緒的でもあります。高句麗の社会、政治生活と風俗、観念と思想、信仰そして科学、技術と呪術を優れた芸術的形象と卓越した造形美によって生き生きと活写されています。

一　高句麗壁画古墳の類型化

このような九二基の高句麗壁画古墳を観察する上で非常に重要なことは、それらを類型化してみることです。類型化すると「人物風俗図」、「人物風俗と四神図」、「装飾文図」、「四神図」となります。この高句麗壁画の類型化というカテゴリーによって、それぞれの壁画古墳の全体と部分、およびその性格と時期を分離せずに統一的に考察することができます。私は墓室の壁面に描かれた絵を類型化して観察することを重視しております。

ここで大切なことは、描かれた壁画はすべて古墳の墓室内にあることです。墓室の天井、壁面、部分的には羨道に描かれております。留意していただきたいのは、死者を葬る墳墓の内壁に描かれた絵のことであって、墳墓以外に描かれた絵や文様、刻文などとは意味が異なるということです。こうした視点から考察していただければ、日本の高松塚とキトラ古墳の壁画や中国の壁画や人物の絵、四神図の性格と特徴を探るのに役立つものと考えます。

1　**「人物風俗図」**

それでは高句麗壁画とその類型をスライドによって説明したいと

図1　安岳3号墳の人物画（王は白羅冠をかぶっている）

思います。

これは黄海南道の安岳三号墳前室の西側室の内壁に描かれた王様です（図1）。高句麗最大の壁画古墳にして四世紀中頃の人物風俗画です。墳墓の内壁に人物や風俗だけを描き、四神あるいは四神と人物を描いた絵よりも早く描かれた「人物風俗図」の類型に属します。この絵が高句麗の王様であるということは白羅冠という白い薄絹で作った二重の冠をかぶっているからです。中国の古文献である『旧唐書』高麗伝に高句麗の王だけが白羅冠を用いるとあります。

朝鮮の学界では三七一年の百済との戦いで戦死した故国原王か、その父である美川王かのいずれかであろうと論じられております。現在は故国原王説が有力です。

図2　冬寿と墨書（安岳3号墳）

これは安岳三号墳の羨室（羨道）と前室入り口わきに描かれた冬寿と彼についての墨書つまり略歴を描いた絵です（図2）。この冬寿の絵と墨書をめぐって安岳三号墳は冬寿の墓か、高句麗王の墓か論争されております。日本では岡崎敬氏の提唱以来、冬寿墓説をとる人が多い。前燕の慕容皝《ぼようこう》は弟の仁と争いましたが、冬寿は仁に味方して敗れ高句麗に亡命しました。安岳三号墳に記された墨書と絵に従えば、亡命した冬寿は高句麗の故国原王に忠勤を励み、侍従武官を意味する「張下督」となって三五七年に死亡しました。

安岳三号墳を冬寿墓とみることができないのは、墳墓の羨道と入り口のすぐそばに書かれた墨書をもって墓誌銘とすることはできないからです。大事な墓誌銘が墳墓の入り口わきの、いわば道端にあるのですから考古学の常識からいって墓誌銘とすることはできないでしょう。

次は四〇八年に築造された徳興里壁画古墳（南浦市江西区域）の被葬者である高句麗広開土王の重臣・鎮の墓誌銘と座像です（図3）。安岳三号墳の墨書とは違って死者が葬られる玄室中央への入り口上部に丁重に掲げられております。

徳興里壁画古墳の前室東壁に描かれた行列図です。天井の下部は狩猟図で、上部は空想的な動物、そして東側には太陽を意味する三本足のカラスが描かれております。

2「人物風俗図と四神図」

人物風俗図に初めて四神図が天井に出現し、人物、風俗と四神の絵がともに描かれ、「人物風俗と四神図」という類型が登場します。四神とは東西南北の四つの方角を守る聖獣で邪悪なものの侵入から人の霊魂を守る方位神であります。

図3　鎮の墓誌名（玄室入り口上部）**と座像**
（入り口右壁）（徳興里古墳）

これは南浦市江西区域薬水里の湖水のそばにある五世紀初の薬水里壁画古墳です。有名なのは高句麗壁画のなかでも最大の狩猟図が描かれ、疾駆する馬にまたがった騎馬武者が猪や鹿などを狩っている情景が表現されています。この朱雀（図4）は羽ばたき走りながら天井の下方の桁に星の昴《すばる》とともに描かれております。四世紀末から五世紀初の時期は四神図は初めて人物とともに描かれますが、天井の一角に初めて描かれ、時間の経過とともに次第に大きくなり、天井から降り、壁面に大きく描かれます。

図4　薬水里壁画古墳（5世紀初）**の天上に描かれた朱雀とすばる**

図５　双楹塚の二本の装飾柱と桁の上の朱雀

これは五世紀後半の南浦市龍岡邑の双楹塚《そうえいつか》です。有名なのが古墳の名前となった美しい二本の装飾柱があるのですが、これは実際に天井を支える柱ではありません。この装飾柱の上の天井の桁部分に四神図の一つである朱雀が描かれております（図５）。この朱雀は飛ぶ前の段階で羽ばたき走る形姿です。天井の桁に描かれた朱雀であります。注目していただきたいのは、先述しましたように天井に現われる四神図の初期後半の描かれかたです。

３「四神図」の類型

「人物風俗図」から「人物風俗・四神図」へと進む高句麗壁画の最終段階の類型は「四神図」です。この段階の高句麗壁画では天井に姿を現わした四神は、次第に降下し、六世紀に入りますと大きく壁面いっぱいに描かれていきます。四神図をいくつかあげてどんな類型であるかを簡単にみましょう。

ピョンヤン市三石区域湖南里に六世紀初の湖南里四神塚があります。これは花崗岩の北壁に直接、壁面いっぱいに描かれた素朴で神秘的な玄武の絵です（図６）。特徴的なのは東西南北の花崗岩の墓壁には四神だけが力強く神秘的に大きく描かれ、他は一切ありません。これが特徴です。

図６　湖南里四神塚の玄武

高句麗壁画古墳の最終段階の類型の美を飾るのは傑作中の傑作とされる江西中墓と江西大墓の四神図であります。

これは南浦市江西区域三墓里にあります六世紀末～七世紀初の江西中墓の西壁に描かれた白虎と南側入り口に描かれた朱雀であります。

これは江西中墓に隣接して築かれた高句麗壁画古墳の造形美の最

図7　壁画古墳の造形美の最高とされる江西大墓の玄武（北壁）

高段階として掉尾を飾る大墓の青龍であり、玄武です（図7）。高松塚やキトラ古墳の青龍や白虎、朱雀と高句麗古墳との類似性とその影響関係については後に今一度、述べたいと思います。

二　高句麗壁画に写る日本の古代

以上、三つの類型をもつ高句麗壁画文化は隣国の日本の古代文化と風俗にどのように関連しているのでしょうか。それを証す日本の古代文化や風俗はどのように高句麗壁画古墳に映されているのか、見たいと思います。

1　髪型と服飾

図8　江西大墓遠景

日本独特の男子の髪型とされるミズラは御承知のように百済の阿佐太子による「聖徳太子と二王子」に描かれた二王子の髪型に典型的にみられます。この絵は五九七年の作だと言われ、法隆寺に保管されております。ミズラについての古い記事は『古事記』上巻と『日本書紀』神代上の天照大神の「美豆良」（ミズラ）の話として現われます。ですから少なくとも七、八世紀の段階で飛鳥の宮廷では男子の髪型としてミズラが流行していたことがわかります。

その日本固有とされる古代のミズラは高句麗の徳興里壁画古墳（四〇八年）の前室から玄室へと渡る通路上段に描かれております（図9）。ミズラは貴人が乗る牛輌車に従う従者の髪型として描か

図10　水山里壁画古墳（5世紀末）
の王と曲芸の図（下はミズラの
髪形をした男）

図9　徳興里壁画古墳の前室から玄室に渡る通路上段に描かれた従者のミズラ

れております。

これは五世紀後半の水山里壁画古墳（南浦市江西区域水山里）の朝鮮女性の服装ですが、かつて高松塚古墳壁画の女子の服装と類似しているということで大いに話題になりました。ここに王様がおりますが、従者が捧げる曲柄傘という途中で柄が曲がっている大きなこうもり傘の下におります。高句麗で大変流行した曲柄傘の下で、王様は曲芸を見ております。玄室西壁上段に描かれた曲芸する男子の若者の髪形はミズラです（図10）。

これは先ほどの若者の曲芸を王とともに見る王妃でその服装はチマ・チョゴリです。

王妃に続くのは高句麗の女官たちです。これらの王妃や女官たちが着るチマ・チョゴリは高松塚の壁画に描かれた女性のロングスカートのカラフルな模様と同じものです。

2　流鏑馬（やぶさめ）

やぶさめは日本中世の鎌倉武士の代表的な武芸鍛錬の一つとして知られているばかりでなく、日本各地の神社の祭事として今日まで続けられている著名な競技です。一三世紀後半には流鏑馬はすでに存在したものと指摘されております。

これは徳興里壁画古墳の玄室の西壁に描かれている「馬射戯図」すなわちやぶさめの絵です（図11）。疾駆する馬に乗った二人の射手が的を狙っています。放たれた矢は的の板に命中し、二つに割れています。徳興里古墳の馬射戯図に射手の成績を記録する審判員や馬場で馬をはせながら順番を待つ状況まで活写されています。高句麗の馬射戯と鎌倉期のやぶさめは深い関係を語り、それ以前の交流関係を強く示唆しております。

これは徳興里壁画古墳の前室南壁に描かれた天の川とそれをはさんで牽牛の彦星と織女の織り姫の切ない別れの哀愁の情景です（図12）。これは朝鮮半島における七夕伝説の起源が五世紀以前にさかのぼって広く伝わっていたことを教えてくれます。同時にこの七夕伝説の図は朝鮮半島と日本列島との文化的な同質の流れを強く示唆しているものと思われます。

というのは日本の『万葉集』では、七夕伝説は百数十首にわたって歌われ、そこではともに慕い、恋いこがれる牽牛と織女の逢瀬が哀愁と悲しみによって描かれています。徳興里古墳壁画の天の川をはさんだ牽牛・織女は絵画的表現でありますが、引き裂かれる思いと悲しみの中での別離が描かれております。

中国の七夕伝説は非常に古く紀元前三世紀頃から始まっておりますが、その伝説の骨子はほぼ同じです。しかし、七夕信仰は各民族、各地域の特性、特質に従って伝承されております。中国の七夕伝説は明るく豪快で、天帝の娘である織女は華やかに車駕に乗って天の川の牽牛に会いに来ます。

五世紀の朝鮮半島の高句麗と八世紀の古代日本における同質的な哀愁の七夕伝説を対照するとき、高句麗と倭国との時空の差が少ないことは、朝鮮半島と日本列島との文化的関係と交流をよく示していると思われます。

3　相撲と空手の文化

相撲（角抵《かくてい》）と空手（手搏《しゅばく》）の絵があります（図13）。前述しました安岳三号墳の前室の東側室の壁面上段に描かれた手搏、すなわち空手の絵です。これを相撲とする人もおりますが適切ではありません。二人の人物が髷を結い、裸になって褌を締め、互いに拳を振り上げ、足を大きく広げて踏み込み、片方の足は踵をあげてリズミカルに動いております。

この絵を見て思い起こすのは日本の相撲の起源として引用される『日本書紀』が伝える出雲の野見宿弥と当麻蹶速の二人が力くらべを行なう「相撲」を取った話です。その状況は二人は向かいあって立って足を挙げて闘い、宿弥が蹶速の「肋骨を蹴って折り腰を踏みくじいて殺す」となっております。これが相撲かどうか、ともあれ、これを絵画的に表現するならば安岳三号墳の「手搏図」です。

いまひとつ、重要な点は手搏図の下に描かれた人物たちが一斉に並んで斧鉞《ふえつ》を手にしている図です。斧鉞とは大きなまさかりのことです。中国古来から伝えられておりますように斧鉞手というのは王だけを護衛する人々であり、儀礼隊でもあります。ですから王陵としての安岳三号墳は統一的な構想のもとに築かれたものと見るのが最も妥当です。

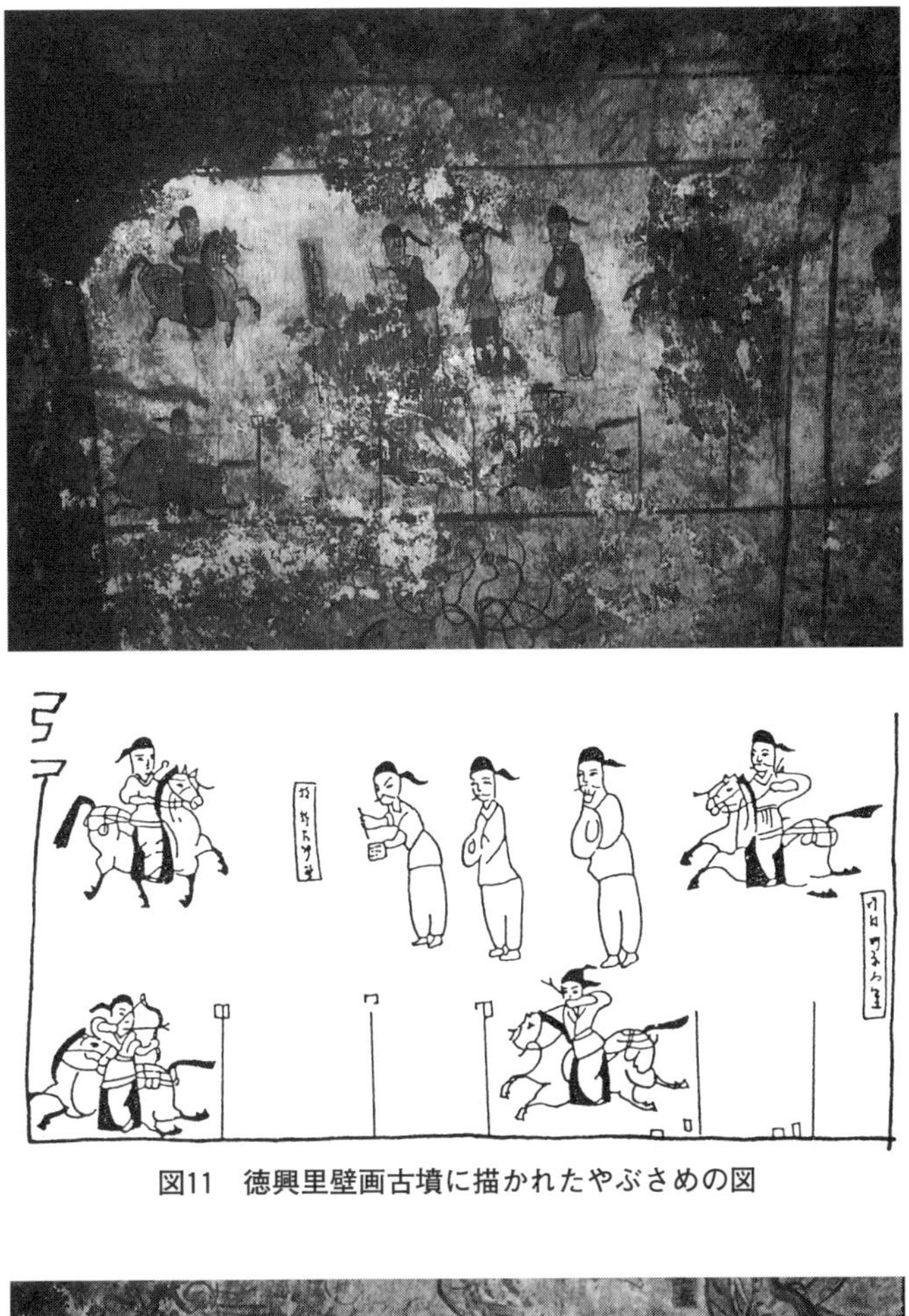

図11　徳興里壁画古墳に描かれたやぶさめの図

この三号墳の奥の回廊には王の行列図がありますが、これもまた統一的な築造プランを証します。堂々たる武士団の行列の中央に「聖上旛《せいじょうばん》」という王の旗を掲げた牛轎車に王が乗っています。その周りを直接、警護しているのは斧鉞隊です。

4　舞踊塚と角抵塚

中国吉林省集安の鴨緑江沿岸にのぞむ所に五世紀初の舞踊塚があ

図12　徳興里壁画古墳（408年）の天ノ川で別れを惜しむヒコ星とオリ姫

ります。舞踊塚の玄室天井の奥壁の人物も安岳三号墳と同じように裸になって髷を結い、片手を振り上げて片足を挙げ、リズミカルに動かしております。世界各地で各民族は力くらべや格闘技を独自に行なったのですが、高句麗では四世紀中頃（安岳三号墳）から五世紀初（舞踊塚）にかけて広大な領域内で手搏が盛んでありました。

手搏でなくまぎれもない相撲（角抵）の絵も高句麗にあります。それらは集安の四世紀末の角抵塚（図14）と五世紀中頃の長川一号墳にはっきりと描かれております。角抵塚の玄室右壁面には二人の力士が左四つになって裸で組み合っています。二人は髪を結い、褌を締めています。明らかに相撲をとっています。五世紀中頃の長川一号墳の左側壁面上部にも高句麗独自の裸で髪を結い、褌を締めて右四つになって相手を倒すまで相撲をとっているのが描かれています。

二人が裸になって髷を結い褌をしめて組んだり、立ち上がって相争って競技するのは高句麗独自のものです。ところが、『続日本紀』によれば高句麗のようなスタイルの相撲が飛鳥・奈良の宮廷で行なわれております。しかも七夕の日にはそれを祝って相撲会が行なわれたことが記録されております。ですから七、八世紀にはかなり広く各地で普及されていたことがわかります。

ところが、和歌山市の岩橋《いわせ》千塚古墳群の井辺《いんべ》八幡山古墳からは裸になって褌をした力士の埴輪が発掘されました。六世紀初のものです。

このような力士の基本スタイルの変形としては衣服の上から褌を締め、朝鮮式の沓《くつ》（靴）をはいた六世紀後半の埴輪が北関東の埼玉

図13　安岳3号墳東側室に描かれた空手と斧鉞手（4世紀中葉）

図14　角抵塚（4世紀末）の相撲図（模写）

県の酒巻一四号墳から発見されております。そればかりか福島県西白河郡泉崎村からは五世紀末の埴輪が高句麗の力士像の形姿で発見されております。

したがって、以上のことから日本では五世紀末から「日本特有」とされている相撲が存在していたことが認められます。裸で髷を結い褌を締めて相撲を取るのは高句麗と古代日本だけであります。古代日本の相撲は高句麗文化、高句麗壁画との関わりで考えねばなりません。こうした関連の中で『続日本紀』が述べるように平安時代には、相撲節会《せちえ》のように日本独特の相撲制度と様式美が発展してきました。

図15　双楹塚の装飾柱の上の朱雀（羽ばたき駆けようとしている）

三　高句麗壁画古墳とキトラ古墳

最後に高句麗壁画古墳と関わって高松塚とキトラ古墳の類型、キトラ古墳の朱雀について申し上げて終わりたいと思います。私は古墳壁画の類型ということが非常に重要であることを申し上げてきました。とくに中国の四神図と関わって論ずる時に大切な視点となります。

中国においては四神はどのような所に主に描かれているのでしょうか。無論、ここで比較対比されるのは高句麗時代と漢代から唐代にかけての四神図です。主として表現されるのは瓦当、塼、画像石、柱や墓誌の装飾、銅鏡、石棺あるいは古墳の羨道です。明らかに高句麗古墳の壁面に描かれる四神図とは異なります。

高句麗壁画古墳は墓室天井に星座や文様を描いたり、墓室壁面に人物や四神図あるいは装飾文が描かれ、類型化されています。こうした古墳壁画の観点から高松塚とキトラ古墳の天井や壁面に描かれた星座、人物や四神の壁画を見る必要があると思います。

時間がありませんので最後に簡単に申し上げます。私がキトラ古墳で鮮烈な印象を受けたのは朱雀の朱色の絵でした。そのキトラ古墳の朱雀が高句麗壁画古墳の朱雀と対比して論じられるとき、必ず登場してくるのは南浦市の江西中墓の朱雀の絵です。先ほど網干先生から説明がありましたようにキトラ古墳の朱雀は駆けながら今にも飛び立たんとしている、これが特徴であると強調されました。多くの論者はこのような朱雀の絵は高句麗壁画には無い、代表的な江西中墓の朱雀の絵は羽を広げて静止している、こうしてキトラの朱雀は日本独自のものであるという説が強く打ち出されております。

はたしてそうでしょうか。

このような説は高句麗壁画に描かれた朱雀の変遷と多様な形姿を知らない所から生じております。高句麗壁画に現われる四神、そのうちの朱雀の出現、変遷、発展を簡単に見てみましょう。

朱雀が最初に出現するのは天井です。五世紀の初めの頃です。朱雀は飛び立つために駆けております。天井に現われた朱雀は時間の経過とともに次第に大きくなりながら天井から、墓室壁面に下降します。そして南壁面に大きく描かれ、四神の最終段階を迎えるのです。

「人物風俗・四神図」の類型に属する五世紀初の薬水里壁画古墳の狩猟図です。薬水里壁画古墳に描かれた狩猟図は高句麗壁画古墳のなかで最大のものとして知られております。すでに述べましたように「人物風俗・四神図」に現われる最初の時期の朱雀はその薬水里壁画古墳の墓室入り口（南壁）の天井に描かれた朱雀とすばる（昴）です（図4参照）。

これは「人物風俗・四神図」の類型に属する五世紀後半の双楹塚です（図15）。双楹塚の古墳名を象徴する二本の装飾柱の上部天井に朱雀が描かれております。朱雀は羽ばたき駆けようとしておりますが、まだ天井から下降しません。

次は真坡里一号墳の朱雀です。「四神図」だけの類型となる六世

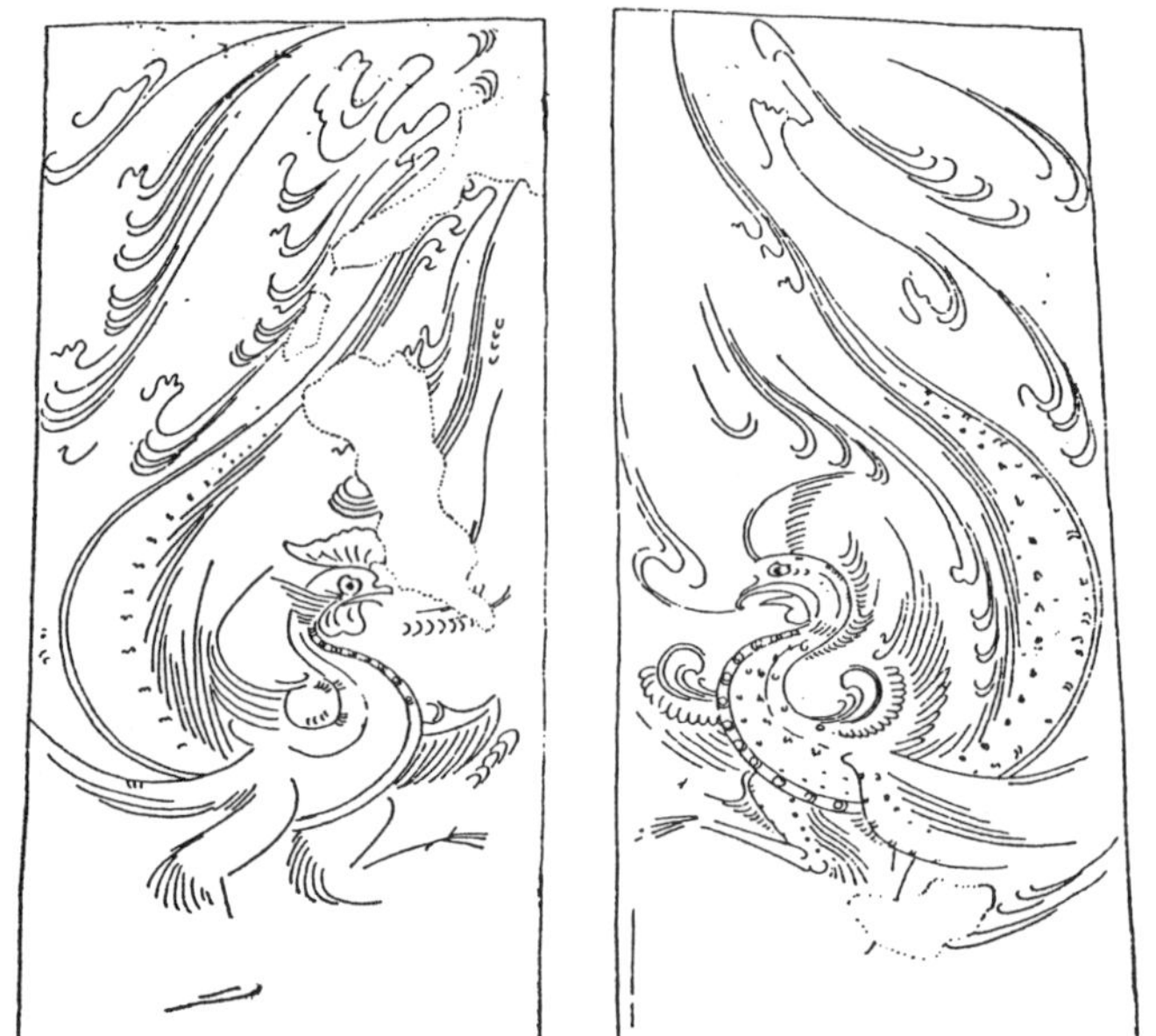

図16　真坡里１号墳（６世紀）の朱雀

紀初には天井に描かれていた朱雀は時代の進行とともに下降し、南壁入り口の両側に大きく描かれ、駆けながら大きく羽ばたきます。

風にそよぐ松とキトラ古墳と同じように北向きの白虎を持つピョンヤン郊外の真坡里古墳群の一号墳です。その南壁入り口に大きく描かれた朱雀です（図16）。駆けながらまさに飛び立とうとする直前の六世紀の朱雀です。

これと同じ形姿の朱雀は、天井に大きな星座をもつ平安南道の徳花里一号墳と二号墳に描かれております。徳花里一号墳の南入り口に描かれたものは、飛ぶために羽ばたきながら駆ける朱雀です。

南浦市の六世紀末の江西中墓の南壁入り口に描かれた著名な朱雀です（図17）。高句麗壁画の朱雀のなかでも傑作中の傑作とされる朱雀です。日本では著しく歪められて解釈されています。キトラ古墳の朱雀は駆けながら今まさに飛び立とうとしているが、江西中墓の朱雀は羽を広げて静止していると論じられています。江西中墓の朱雀は静止しているのではなく、飛び立つための助走である疾駆を終え、今まさに飛び立つ瞬間の動と静を描いた造形美の傑作なのです。

図17　江西中墓（6世紀末）**南壁入口、左側の朱雀**

朱雀は最初、天井の隅に現われ、どんどん下降し、壁面に大きく描かれ、羽ばたきながら駆けて江西中墓の飛び立つ動的瞬間の朱雀になりました。これを明らかにしてくれるのは、中墓につづく七世紀の高句麗壁画古墳の掉尾を飾る江西大墓の朱雀です。

江西大墓の南壁入り口の両側壁面いっぱいに描かれた朱雀です（図18）。この朱雀は静止しているのではありません。羽を大きく広げて羽ばたきながら大空を飛翔しているのです。飛ぶ朱雀の足の下には江西の山々が描かれております。江西中墓と大墓の朱雀は飛び立つ瞬間から大空を飛ぶ朱雀を描いたのです。

このように高句麗壁画に現われたさまざまな朱雀をみますと朱雀の発生、変遷と発展の形姿をはっきりと描くことができます。

図18　江西大墓の朱雀と空（高く飛ぶ下には江西の山々）

この朱雀の変遷過程を要約してラインで結びますと次のようになります。

黄海南道安岳一号墳―薬水里壁画古墳―双楹塚―徳花里二号墳―真坡里四号墳―真坡里一号墳―江西中墓―江西大墓

以上述べてきましたように、四〇〇年間にわたって継続し変遷・発展してきた高句麗壁画古墳の壁面に映し出される日本古代は、高句麗との関わり無しには説明できないものと思います。以上で終わらせていただきます。

（拍手）

古代東国の壁画古墳とその問題点

大塚初重

私のテーマは「古代東国の壁画古墳とその問題点」というふうにいたしました。今日午前中から、網干先生はじめ西谷先生、ただいまの全先生とずっと話が続いておりまして、東アジアにおける高句麗の壁画古墳と北九州、北九州だけでない九州全体を含めた古墳壁画、さらにキトラ、高松塚の古墳壁画などとの関係が問題になってきました。日本列島における古墳時代の装飾古墳あるいは壁画古墳は、皆さんご承知のように、実は東国にも分布しておりまして、古くから問題になっております。

一　東国壁画古墳の分布

ここに東日本の壁画古墳の分布図がございます（図1）。これは国立歴史民俗博物館編の書物から採らせていただいたものです。いろいろ記号が入っておりますが、東国の装飾古墳という概念でとらえますと、線刻の壁画もございますし、顔料で彩色した壁画もございます。

たとえば、茨城県の霞ケ浦周辺に太子《たいし》の唐櫃《かろうど》と言われている古墳がございまして、あるいはその北西のほうに関城町にございます船《ふな》玉《たま》古墳。古く鳥居龍蔵先生が調査をされておりますが、その際もうすでに剥落が著しくて、船らしきもの、家らしきものなどが若干痕跡を残しているにすぎないと言うふうに言われていた古墳であります。これが最近の茨城県史編纂委員会の調査で、方墳であることがはっきりいたしました。

さらにその東北東に花園三号と書いた古墳があります。茨城県西茨城郡の岩瀬町に花園三号墳という装飾古墳がございまして、残念ながら破壊されておりますが、それらにつきましては、船玉古墳の図面と花園三号墳の図面が出ております。のちほど触れたいと思いますが、これらの船玉古墳や花園三号墳の残り得た彩色の壁画のモチーフというか文様をどうとらえるか。つまり九州の装飾古墳の文様主題とどこまで共通点を認めるかということが一つの問題点になります。

実は今日お話くださいました網干先生が、一九七二年三月に奈良県明日香村で高松塚古墳の調査をされ、彩色壁画を発見されました。翌年、七三年の九月に偶然のことですが、茨城県の現ひたちなか市において、虎塚古墳という五五メートルの前方後円墳の調査をしたところ、古墳の石室に彩色壁画が発見されました。したがいまして、それをまずご覧いただきまして、それから時間の許す限り問題点をはっきりさせていきたいと思います。

二　虎塚古墳の壁画

茨城県の那珂川の下流域に位置する中根、現在はひたちなか市中根の低い台地の上に全長五五メートルの古墳がございました。森林に覆われて伐採するのが大変でしたが、その結果みごとな前方後円形になりました。

実は東日本の装飾古墳、壁画古墳の中には線刻壁画や彩色壁画を持つものも今ご紹介したようにあるのですが、前方後円墳には前例がございませんでしたので、われわれもよもやこの虎塚古墳の石室に彩色壁画があるとは全く予想をしませんでした。

後円部の南側墳丘斜面に入り口が開き、凝灰岩の板石で構築した

図1　東日本の装飾古墳分布図（歴博編『装飾古墳の世界』1993より）

一番最初の副葬品であって、二次的に次の埋葬の際に前の第一次埋葬の副葬品は取り出されたものであると。つまり虎塚古墳は二回にわたって埋葬が行なわれている、追葬が行なわれていたという結論を現在持っております。

そこで羨道の凝灰岩の閉塞石を外していきますと、高さ一メートル二〇センチ、厚さ二〇センチの台形をした凝灰岩の扉石が、玄門入り口の切り込みにきっちりとはめ込まれておりました。すでに玄門の上部に赤く色が付いているのが見えました。実は調査中の八月三十一日、まだ手前に凝灰岩の閉塞石があるときに、東京国立文化財研究所保存科学部の登石健三先生方に来ていただきまして、この石室の中の空気組成、温度、湿度、微生物などの資料を採取したのですが、実際にはこの扉があったために機械は石室の中に入っておりません。この扉と閉塞した石との間からかすかに石室内の空気を抜き取ったかたちになったのです。

昭和四十八年の九月十二日、正確には午前十時四十五分に、やっとこの扉石を開けることができました。その結果、この玄門部の抉り込みにはずっと三角形の連続した彩色の模様が出て参りまして、この周りは全部赤く色が塗ってあって、奥壁の正面の壁画が目に飛び込んできました。

まず、玄門の上には真っ赤に酸化鉄が塗ってあって、左右の柱石にも帯状に酸化鉄が塗ってあって、一部はげておりますが、ずっと三角文が周りに連続してありました。

東側の玄門の入り口部分や西側の入り口にも三角文が描いてありました。

側壁は凝灰岩の板石の表面を平滑にして、白色粘土を塗って、そ

図２　虎塚古墳全景

横穴式石室が発見されます。この後円部の南側の発掘が進みますと、凝灰岩の塊石群で閉塞された横穴式石室が発見されまして、石室の前面にずっと墓道が続き、ここに幅約四メートル近い浅い空堀が周りに巡っております。この部分の発掘が進むと、堀の中に凝灰岩のブロックが捨てられたか、掻き出されたかたちで出てきます。さらに石室前面には鉄製の釧、鉄鏃、鉄製鉾というふうに、明らかにかつてこの石室内に副葬品としてあった遺物が取り出されて、墓道の外の堀の中に掻き出されているというか、捨てられているというか、そういう状態で発見されました。しかし玄門はきちんと凝灰岩の塊石群で閉塞してあるのです。

あとでわかることなんですが、実は手前に掻き出された遺物群は

の上に連続三角文などの幾何学的な文様を中心としたものと、そして若干の具象的な絵が描いてあります。天井石三枚は全部酸化鉄で真っ赤に塗ってありますが、剥落している部分もございます。床面七枚にもすべて酸化鉄が塗ってある。奥壁には二つの三角文の頂点を上下に連接した文様があって、直径三六センチと三四・五センチのドーナツ型の環状文が描かれています。

これらはいずれもコンパスで円を描いたもので、その痕跡が全部ついておりました。そこに刷毛で酸化鉄を塗っております。奥壁の一番下にも大型の三角文が描いてありましたが、剥落しています。つまりこのレベルから下、西壁も東の壁もこのレベルから下と、こ

図3　虎塚古墳石室および壁画実測図（『虎塚壁画古墳第一次発掘調査概要』より）

のレベルから上では塗られた白色粘土の剥落度が違います。つまり墳丘の地山と盛り土の水分の包含量の差で、ここに染み出してきて、これから下が剥落したのだろうと私は思っています。

奥壁に一五本の縦長の棒状のものが描いてあります。これは明確にはわからないんですが、槍か鉾かそういう武器をあたかも一五本立て掛けたと思わせるような状況で描いてあります。その右側には下方が剥落しておりますが、三角形に広がる一〇本の矢が入った状態を示す靫《ゆぎ》がありました。その右側にも小型の靫が一個あって、その右隣りにヘルメット状のものが上下逆転するように描いてあります。これが何であるかは随分問題になりましたが、われわれは一応鞆《とも》と考えております。矢を射るときの弦の反動から弓を持った自分の手の甲を守るための鞆ではないかというふうに思っています。

さらに奥壁の東北の角に刀が三本斜めにわざわざ描いてあります。しかもこの大刀を見ると、頭椎《かぶつち》の大刀と見るのか、鹿角装《ろっかくそう》の大刀と見るのか、つまり柄頭《つかがしら》に飾りがついている。そういう儀仗《ぎじょう》的な大刀ではないかと考えられます。それが斜めにあるということは、ここに立て掛けたという意識が濃く表われているのではないかというふうに思っています。つまり石室内の東北隅に飾り大刀三本を立て掛けた情景と思うのです。

上には三角文が上下二段に描いてある。東壁の奥壁寄りには双頭渦文一個があって、上から白色粘土を塗った円形文一個が下がっております。これが鏡であるかということも問題になります。さらに東壁には横板らしい一本の横線があって、その線上に靫が二枚、盾が三枚描いてあります。西壁には直径一五センチと一四・五センチの円文が九個一列に並んでおりまして、これも全部中心にはコンパスの先端の傷が一個一個についておりまして、コンパスで描いた円であることが明らかであります。

さらに東の壁の盾三枚が終わって、奥行き三メートルの横穴式石室の玄門近くの東壁に、井桁《いげた》状の文様がございます。下の方には花結びをした結び目がございまして、円環状の輪に一五個の丸玉が付いておりますので、私どもはこれはネックレスを表現したものだろうというふうに思っています。その北側にある棒状のものに二本横に突起が出ているものが何を表現したものかわかりませんし、ここにも羽子板状のものがあって、これが矢を入れるものなのか、ほかのものなのかよくわかりません。さらにその東側に特別のまた文様がございます。

西壁の壁画は前述したように、円形の文様が九つ並びまして、その真ん中の下方に弧線があります。九州のこれまでの古墳壁画、装飾古墳から見れば、まず船を表現したものと見て差し支えないだろうとは思っています。さらに西壁の入り口近くの所に東壁の図文とちょうど対応するように二個一対の文様が西壁にも描いてあります。

この西壁の二個一対の図文を私は鐙《あぶみ》と見て、鉸具《かこ》がついた壺鐙《つぼあぶみ》と考えられるものが二つ一対になっています。これと全く同じ文様が東壁にも出て参ります。

三　東国の壁画古墳

虎塚古墳の文様を総合的にどう理解するかということは、あとでまた触れますが、東国の装飾古墳について概要を述べておきたいと思います。

福島県いわき市の中田横穴墓は、白色粘土と酸化鉄を用いて副室状の横穴の奥の部屋に三段に三角文を赤と白でまだらにして描いているという文様なんです。この中田横穴墓からは、馬具その他の遺物が出ておりまして、副葬品の特色からみると、六世紀の終末頃にこの横穴墓の年代を求めていいのではないかと思っています。

つぎに福島県の清戸迫《きよとさく》横穴は国の史跡になっておりますが、直径七四センチの七重の渦巻きがあって、その横穴の奥壁の渦巻き文の右側、つまり左手を肩から上に挙げ、右手を自分の腰にあてて、兜をかぶったような、足結《あゆい》をしている褌（ズボン）をはいている形のこういう人物像の肩に、この渦巻き文の一端が接している。その周りには騎馬人物などが出て参ります。もう少し近づいてみますと、渦巻き文を中心に反対側にも人物がおりますし、さらに矢をつがえた人物、あるいはシカ、ウサギではないかといわれている動物群があって、狩猟図、ハンティングの状態だというふうに言われています。

さらに福島県原町市の羽山《はやま》横穴の壁画では渦巻き文が二つ並んでおり、しかも四本の横線で二個の渦巻きがつながっています。そのさらに脇には盾ではないかという図文があって、またここにも人物群像が出て参ります。また宮城県の山畑《やまはた》一五号横穴では、奥壁を朱線でつないで、建物の構造を示し、中に円文というか環状文を描いたものがあります。つまり太平洋沿岸の茨城・福島・宮城という地域に彩色の壁画のある横穴、もしくは古墳が存在していることになります。

四　九州の壁画古墳との比較

図3にひたちなか市（旧勝田市）の虎塚古墳の図面を載せましたが、この古墳の壁画全体をわれわれはどうとらえたらいいのか。たとえば向かって左側の西壁の九つの円文。直径一五センチ、一四・五センチという二種類の円文が一列に並んでいる、その下方の半円形、弧線を持ったこの図文を船と考えてよいならば、たとえば熊本県の永安寺東や永安寺西古墳の石室入り口部分にある複数の円文の配列などを見て、そこにどこまで両者の共通性を認めるかということが一つ問題になります。

さらに三角の連続文や矢が一〇本以上入った靫、こういった文様の表現と九州の壁画古墳との共通性、つまり文様のモチーフというか主題としての共通性。北部九州と全く同じものとは申せませんが、少なくとも円形文やドーナツ型の環状文といったものは、幾何学的な文様としての九州の古墳壁画とかなり共通しているのではないかと思います。それにプラスして靫とか盾とかそれ以外のいろいろな形象の表現というものは、九州の古墳壁画との脈絡・関係はある程度存在すると考えてよいのではないかと思うのです。

かつて大正時代に鳥居龍蔵先生が茨城県真壁郡関城町の船玉古墳を調査されています。そのころは円墳ではないかと言われておりましたが、先年、茨城県史編纂委員会の調査で私どもが測量した結果、間違いなくこれは方墳であるということが確認できました。内部構造に副室を持ったかなり立派な横穴式石室がございまして、この奥壁と左右の壁に白と黒と赤という三色を用いた壁画があることが確かめられております。

昭和四十四年に茨城県史の仕事で私が実測したのちに、茨城大学の茂木雅博さんが関城町の町史編纂で調査をいたしまして、調査の

船玉古墳（『船玉古墳発掘調査報告書』1990より）

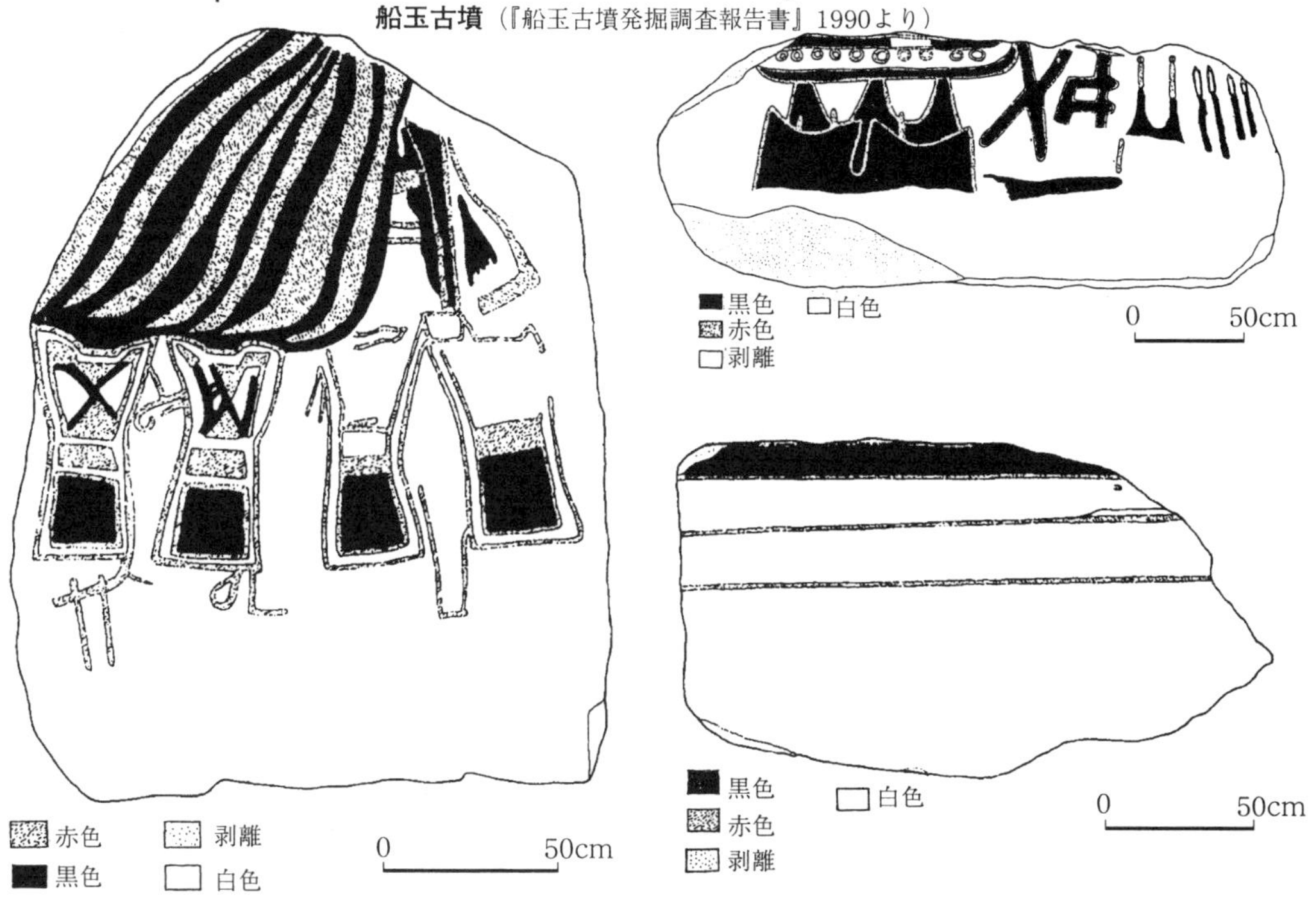

花園3号墳（『茨城県岩瀬町花園壁画古墳発掘調査報告書』1985より。一部表現を補正）

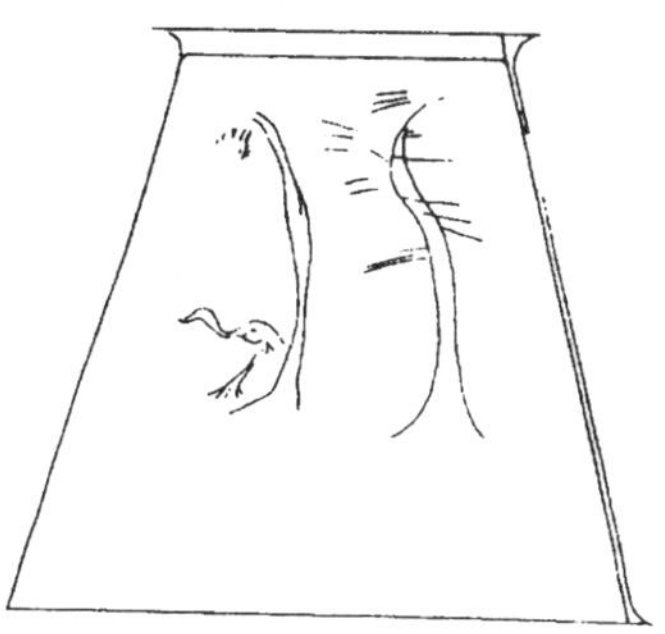

白河内古墳

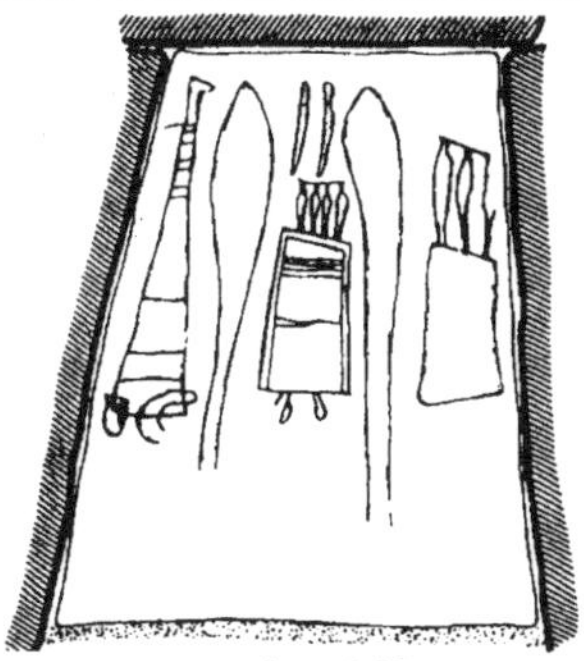

吉田古墳

（『茨城県史料—考古資料編』1974より）

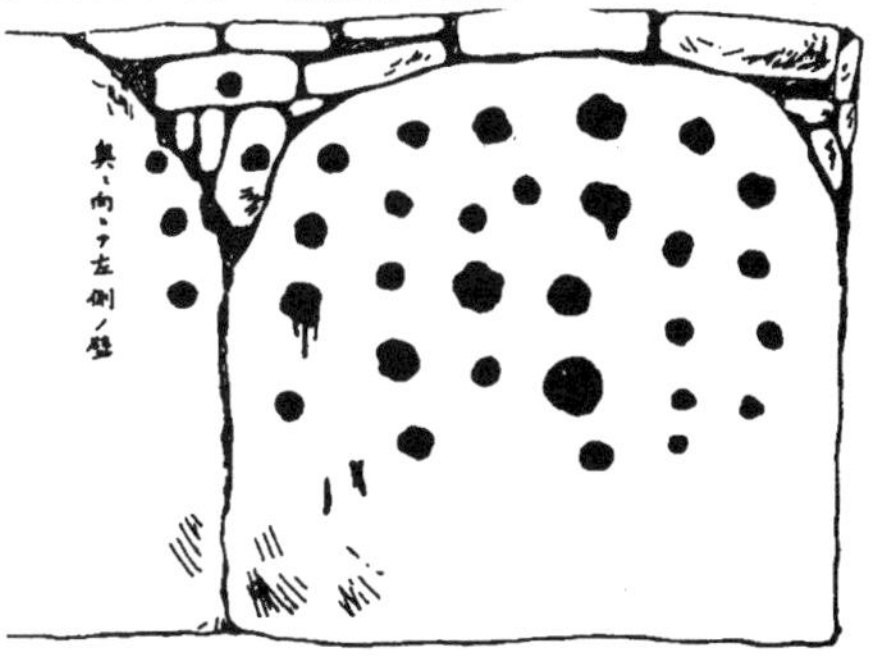

大師唐櫃古墳（『人類学雑誌』11-121・123）

図４　東国装飾古墳の壁画(1)

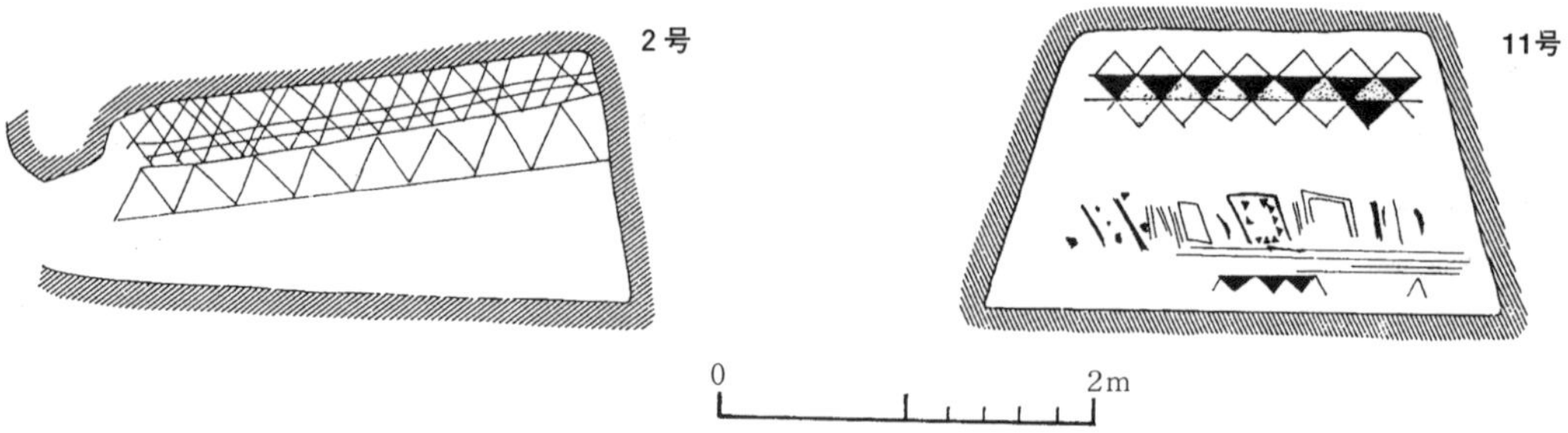

かんぶり穴横穴群（2号、11号）**実測図**（『茨城県史料』1974より）

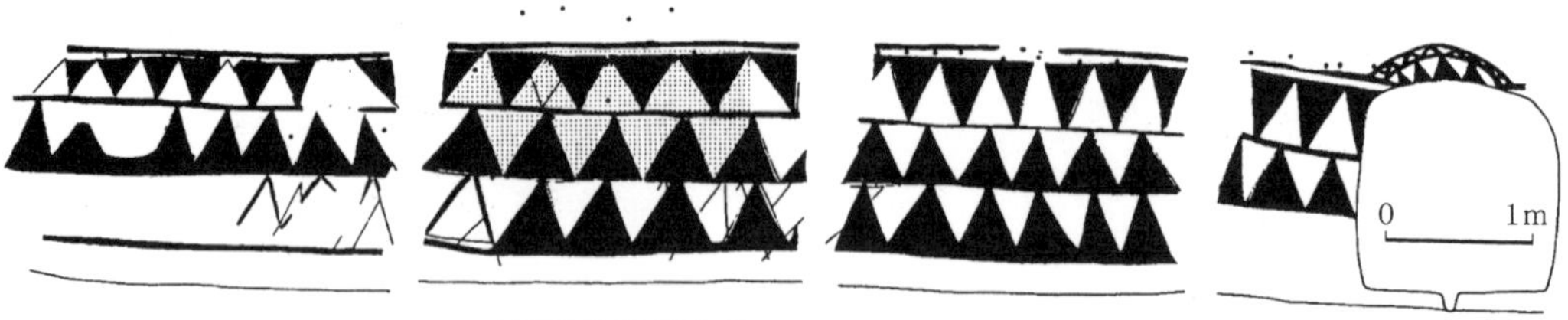

中田装飾横穴墓（『中田装飾横穴』1971より）

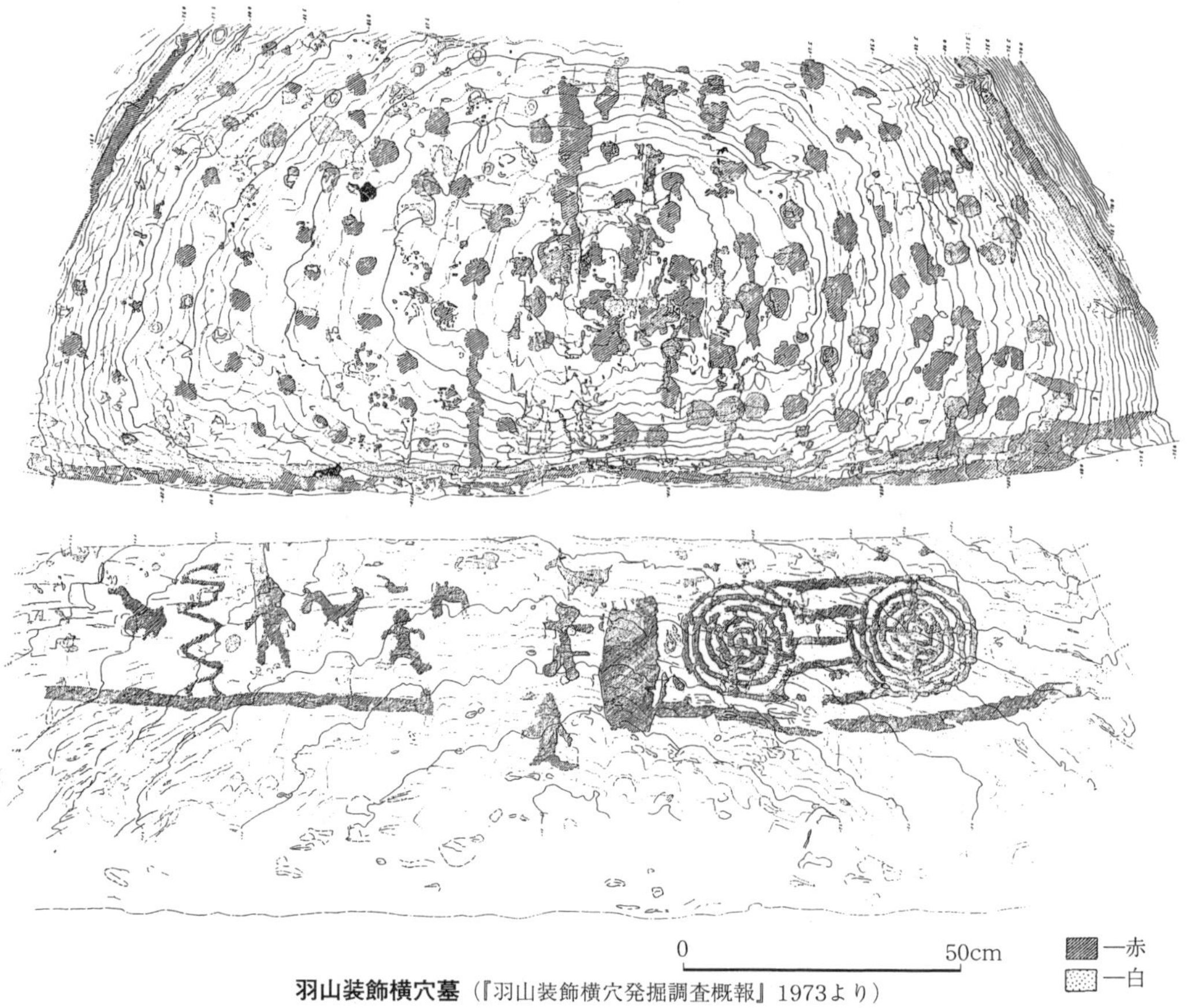

羽山装飾横穴墓（『羽山装飾横穴発掘調査概報』1973より）

図５　東国装飾古墳の壁画(2)

結果わかった事実は、玄室の奥壁の図文に明らかに矢を入れた靫、三角形の文様で黒と赤を使った靫の文様が一部残っているということでした。

ところが、その後になりまして、茨城県西茨城郡の岩瀬町で、花園三号墳の横穴式石室が地主さんによって破壊されまして、庭石に利用されるという事件が起きました。しかもご丁寧にゴムホースで水をかけてタワシで壁画を洗い取ってしまうということが起きました。急を聞いて、駆けつけて作ったのが図４の中です。

これは赤と黒と白の三色を用いた壁画です。たとえば奥壁上段にはまるで凪にはためく幔幕《まんまく》がうごめくように、最長七〇センチを越えるくらいのダイナミックな黒と赤の縦縞線がございまして、その下に四枚の絵が描いてあります。これは奴凧型と申しますか、つまり九州における六世紀段階から出現する靫を表現した図文で、矢を入れる背中に背負う武具、九州における装飾古墳の靫の表現とほとんど同じ図文なのです。われわれはこの絵を見たときにすぐこれは九州的な靫であると思いました。

さらに右側には槍か鉾か確定できませんが、一番右側ですね。花園三号墳の東側壁の実測図の右側の上段の図を見ると、黒い柄があって先端の槍か鉾の中は赤い線で輪郭を取って、中に白色粘土で白く充填しています。その左側に二本の環頭の大刀ではないかと言われているものがあります。そういったさらに東の方に靫らしい、三本か四本の赤い矢の痕跡が残っておりますが、その上に船らしき両端が上にカーブして上がって行く図文があって、中に赤い円がずらっと一〇個ばかり並んでいるような絵が出てきました。

これも九州の壁画古墳と全く瓜二つとは申しませんが、調査してみた全体の印象では、東国の古墳壁画の中ではどちらかといえば、九州的な古墳壁画の特徴を色濃く表現している壁画であると言わざるを得ない。あるいは表現したくなるような図柄です。

こういうふうなもののほかに、茨城県日立市川尻町の横穴群、通称「かんぶり穴横穴群」と言っていますが、ここには二六基の横穴があるんですが、そのうちの三基の横穴だけに装飾壁画があります。しかも右側の一一号なんですが、奥の方の上に赤と黒で塗彩した三角文が上下に横に並んでいて、その下には線刻してかつて赤と白と黒で塗彩してありました（図５）。今は剥落しておりますが、縦に長方形の区画などが残っておりまして、これを盾か靫かそういった武器・武具の形象が描いてあったと推測されます。

さらに前にご覧いただいた中田横穴のものや福島県原町市の羽山装飾横穴を見ると、天井部分には赤い朱文がたくさん描いてありまして（図５）、中には酸化鉄が流れ出しているものもございます。こういうものが、たとえば福岡県の王塚古墳の天井部分や石室上部を飾るあの赤い地色の中に黄色の顔料で描いた宇宙というか、星空を表現したものだというふうに考えられるかどうか、こういう朱文が出ていて、その下の奥壁には渦巻き文が二つ並んでおりまして、この渦巻き文も中は四分割されています。なにゆえこの渦巻き文様が四つに分けられているかということについてはよくわかりませんが、その二つの渦巻き文が全部で五重か六重になっています。その左側に盾らしきものがあって、大刀を腰にはいた人物、あるいは冠帽らしき三角帽をかぶった人物。その上に鹿が一頭おりまして、この鹿だけは白い顔料が塗ってあって、中に赤い斑点が打ってある。

さらに東の方には馬や人物や鹿がおり、縦位置の三角文もありまし

清戸迫横穴（『清戸迫横穴群』1985より）

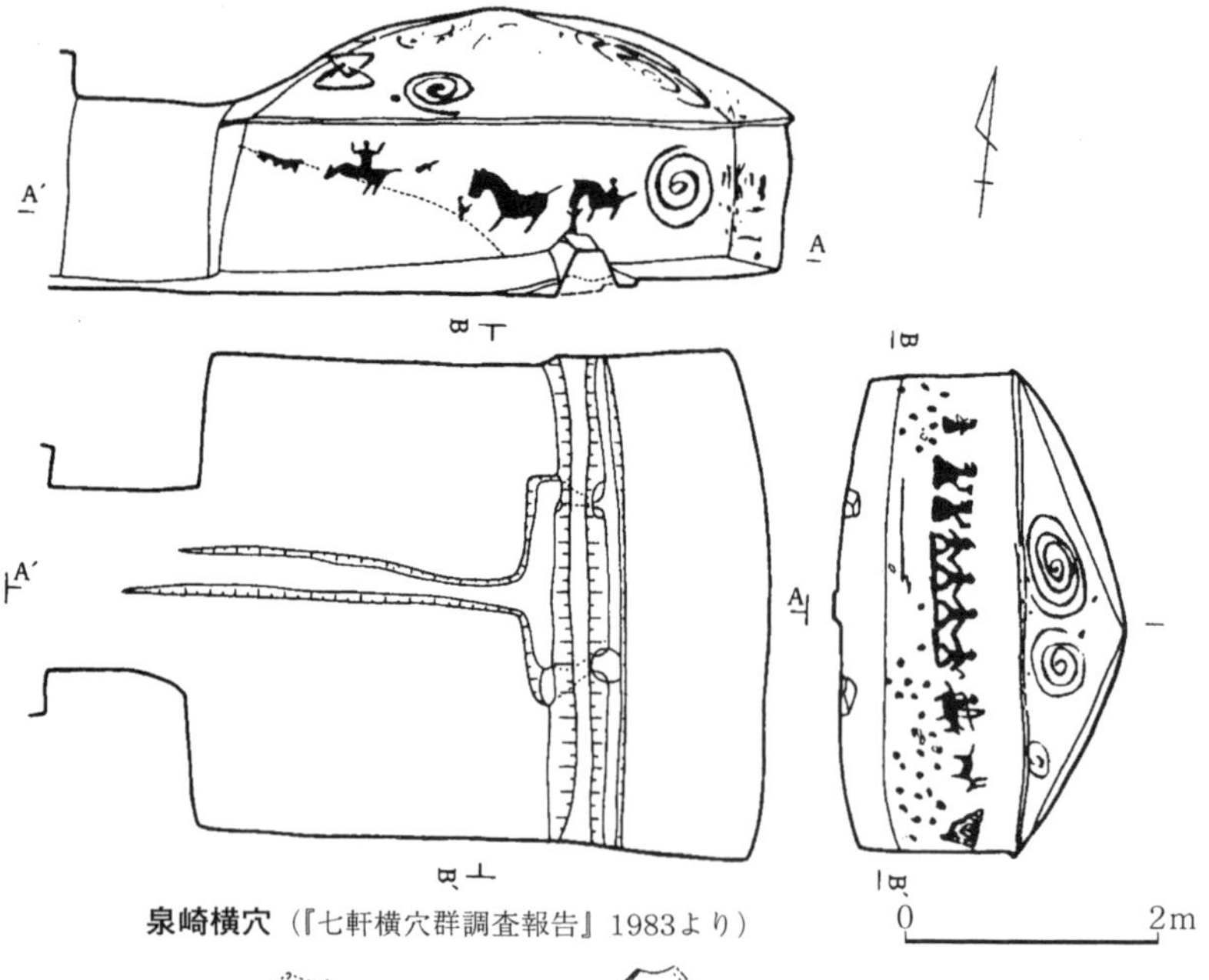

泉崎横穴（『七軒横穴群調査報告』1983より）

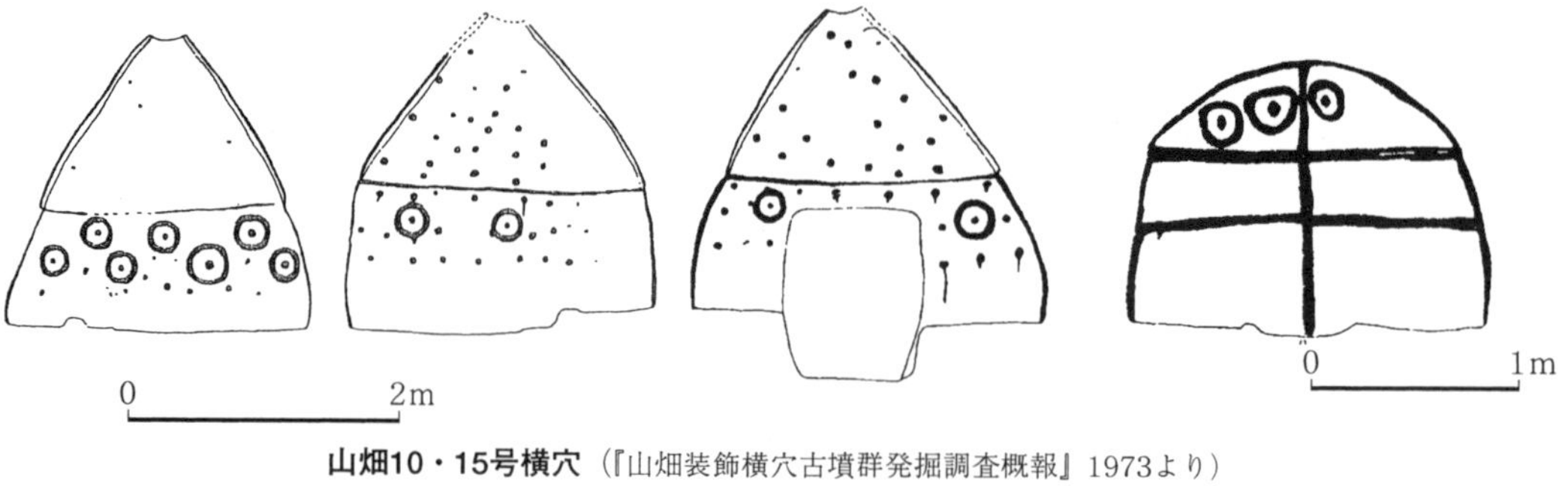

山畑10・15号横穴（『山畑装飾横穴古墳群発掘調査概報』1973より）

図６　東国装飾古墳の壁画(3)

て、広い意味での狩猟文と考えていいのではないかと思います。

福島県の清戸迫《きよとさく》の壁画は七重の渦巻き文の一端が人物の肩に接続しています（図6）。渦巻き文の下には鹿が二頭いる。その鹿を矢で射ている人物がいて、矢が放たれて鹿に向かって飛んで行く。さらに左の方には冠帽をかぶった人物がいる。こういった狩猟の情景を描いた壁画があります。

さらに福島県の泉崎横穴は奥壁にも天井部分に五重の直径六〇センチの斜めになった渦巻き文や大小の渦巻き文が描いてあります（図6）。奥壁の下の方には横線があって、横線は白と赤でまだらになっておりますが、その下に人物が四人両手をつないで、板の上かなんかに並んでいます。その左側には二人の女性がひざまずいて高杯か何かでものをささげている。別に立っている女性一人が捧げ物を持っている。供え物を供献している。こういった情景は葬送に関係した来世を偲ぶセレモニーの一端を表現したものでしょうか。

清戸迫の人物やあるいは泉崎横穴の人物群像を見ると、東国の古墳、彩色壁画の中から日本列島の中の壁画の中で、もし類型を求めるとすれば、先ほど西谷先生からお話があった福岡県筑紫野市の五郎山古墳の壁画モチーフに文様の主題などと共通している部分がかなりあるのではないかと思います。全く同じかどうかということは別にして、九州的な六世紀以降のこういう文様が東国の福島県や茨城県の古墳壁画の中に表われているということを一体われわれはどう見たらよいのかということです。

さらに宮城県には奥壁に環状文や同心円文のような文様を彩色したものもある。ということで、こういう東国の古墳壁画の中でもとくに彩色をした太平洋沿岸の茨城、福島、宮城というような地域の彩色古墳壁画については、斎藤忠先生や大場磐雄先生が熊本県や有明海周辺の肥の国、肥後というような地域の多氏《おおし》という氏族集団の東国への移住ということを考えて、そういう壁画を残すような集団が東国へ移ってきたという結果が九州的な彩色壁画の東国出現になるとする論点でありました。もちろん、これについては批判もございまして、井上辰雄先生などはむしろ多氏一族の残した絵と決めつけるには問題がおありで、丈部《はせつかべ》と考えたほうがいいのではないかとか、賛否両論が渦巻いています。

東国の古墳壁画につきましては私どももう一度原点に戻って、考古学的ないろんな現象を厳密に比較論証する必要があるだろうと思います。京都大学をご定年になりました小野山節さんなどは、「もし特定氏族の名を挙げるならば、東国の古墳壁画はいろんな氏族集団の名前が挙がるのではないか」とさえ言っております。一番問題なのは、東国のこれまでご紹介したような古墳、もしくは横穴などがその地域の横穴群すべてに彩色壁画があるかというと、たとえば、いわき市の中田横穴群は総計三〇〇もの横穴が空いているにもかかわらず、一つしか彩色壁画を残したものはない。あるいは日立市のかんぶり穴のように二六基中、三基しかない。あるいは那珂川下流域の虎塚古墳でも、前方後円墳をはじめとしてたくさん古墳群があるにもかかわらず、彩色壁画を持ったのは虎塚古墳だけ。真壁郡関城町の船玉古墳、あるいは岩瀬町の花園三号墳と周辺にはいくつか古墳はありますが、ほかの古墳には彩色壁画がないわけです。ある特定の古墳だけに彩色壁画があるということになると、自分の墓室を彩色壁画で飾るというか残すというのは、そうした習俗、伝統を持ったある特定の氏族の人たちということを考えざるをえない。ある特定集団ということになれば、九州の古墳壁画とどこまで似て、どこまで似ないかということを改めて基礎から検討し直すべきときがきているのではないかというふうに思います。

近年、弥生時代から古墳時代を通じて列島内での集団移住がひんぱんに実行された考古学上の実証が明白になってきましたので、東国への葬制壁画集団の移住は一つの検討課題だと思われます。

一分ほど経過しましたので、ここで終わらせていただきます。どうも失礼しました。（拍手）

パネルディスカッション

古墳壁画の出現とその展開

網干善教　　西谷　正
全 浩 天　　大塚初重（司会）

大塚　大塚でございます。今日午前中から各先生方の装飾古墳についてのお話を聞かれたと思います。たくさん問題がございます。しかし、それを全部議論している時間はとてもございません。幸い、先生方から「大塚に任せる」というお許しをいただきましたので、私の独断専行で取り仕切っていきたいと思います。

お話を伺っておりますと、冒頭の網干先生が「高松塚論」、加えて「キトラ古墳論」を中心にお話され、午後の全先生のお話を伺うと「高句麗の古墳壁画などの影響があった」という立場に立つのか、「そうじゃないんだ」という網干先生の立場に立つのかということで、やはり大きく分かれているようです。

そういう中で西谷先生は、北部九州の六世紀末以降に現われる形象文、形象図というか、具象的なものの表現については、やはり高句麗との関係があるということで、これはどうやら三つ巴かなという感じもないわけではありません。先生方には、「少しは反論をやってくださいよ」とか、「本気でやってくださいよ」というふうには申し上げましたが、温厚な先生方ばかりですから、どこまで本気でやってくださるかわかりません。

じつは網干先生は今日スライドを用意されていたのです。しかし、スライドをやる時間が全くなかったものですから、全先生や西谷先生や私どもの話を聞いてさらに一言ということで、網干先生にスライドを交えて是非補足の話を聞かせていただけたらと思います。（拍手）

一　壁画古墳の系譜

網干　それでは私がまずはじめにやらせていただきます。最初の問題は高松塚古墳やキトラ古墳の中に高句麗的な要素がどれだけあるかということだと思います。

先ほどからいろいろ意見を聞いたり、また論文とか著書を拝読していますと、高松塚古墳の壁画が高句麗壁画の影響であるという意見が多々あります。それに対して、中国との関係をみますと、永泰公主墓の壁画とは女子像だけの関係で述べられていますが、その他についてはあまり取り上げていないと思います。たとえば四神図との比較などです。

私と全先生の間でちょっと意見が異なる点があるように思います。それは日本の壁画古墳を考える場合、絶えず高句麗の影響であるとする前提はいけないと思うのです。

高句麗ないし高句麗古墳は中国の影響を受けている。共通性がある。日本の文化も中国の影響を多分に受けている。高松塚古墳やキトラ古墳は正倉院の時代と非常に近い。そのことによってもわかります。だとすると、中国の影響を受けている高句麗と同じ条件にある日本とはある点で共通性はありますが、日本のものはすべて高句麗の影響だとする前提はないと思っています。

もう一つ、同じ朝鮮半島の古代国家であり、日本とかかわりの深かった百済や新羅との関係をどうするのかということも問題でしょう。とくに壁画古墳はということになってきます。百済には宋山里六号墳のように四神を描いた古墳がありますが、これをもって百済文化が日本の壁画古墳に大きく影響を与えたとする所説はありません。百済にだってほかに壁画古墳はあります。

私はそうした問題を考えるために、朱雀図や玄武図の比較の作業を始めました。意図するところは高句麗や中国のものと比較して単に「見た感じ、同じようなもの」といった曖昧なものでなく、もっと詳かな部分の観察が必要と判断したからです。

（スライド上映、説明）

二　四神について

網干　なお、四神について少し補足して所見を述べておきますと、法門寺という中国の唐の時代の有名な寺院があります。この寺の塔の地下宮殿といわれる所に入っていく入り口の楣に朱雀というか、鳳凰の彫刻があります。朱雀と鳳凰はどういう関係かといいますと、これは同じものとみてよいと思うのです。辞典を見ますと、鳳凰の「鳳」という字は、雄の大鳥、「凰」という字は雌であるとあり、対になります。高句麗の江西大墓も中墓も横穴式石室の左右の袖の部分に描かれていますが、これを四神図を表わすときは意識的に朱雀とみてもよいと思います。

ただ、鳥の姿態、とくに足の上げ方、伸ばし方を見て、図像を考えなければならないと思っています。江西中墓の朱雀を見ますと、二本の足はしっかり地に着いています。この形と、中国の法門寺とかキトラ古墳に表わされている片足を大きく上げ、片足は強く地面を蹴っており、指先が曲っています。これでは歩くことはできません。明らかに異なるということです。

これは代表的な資料を挙げただけですが、これに類するものはたくさんあります。中国に非常に多いのです。それを一つ一つ比べて

図1　高松塚古墳遠景（中央の竹藪のところ）

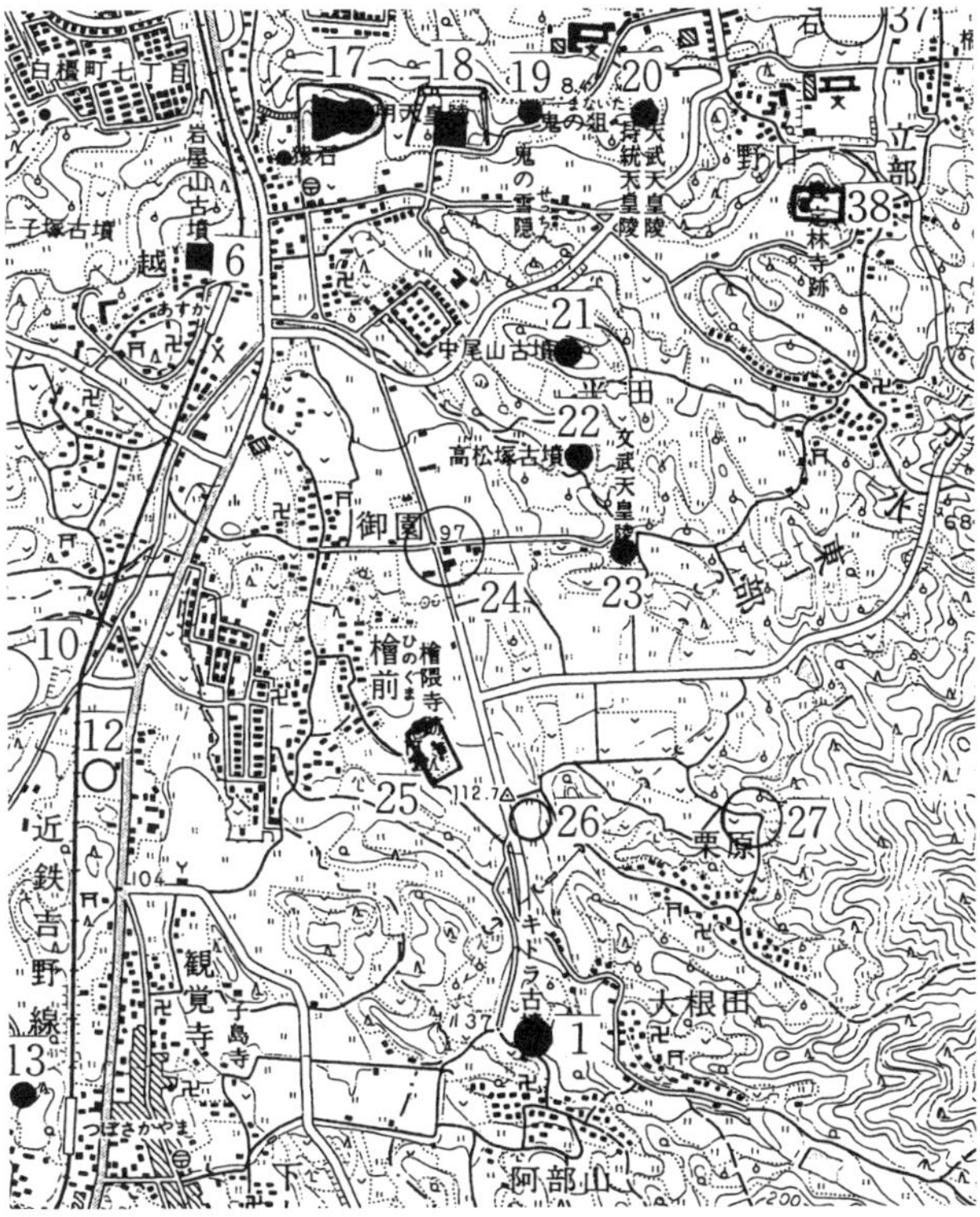

図2　キトラ古墳(1)と高松塚古墳(22)の位置（２万５千分の１）
（明日香村教育委員会『キトラ古墳』より）

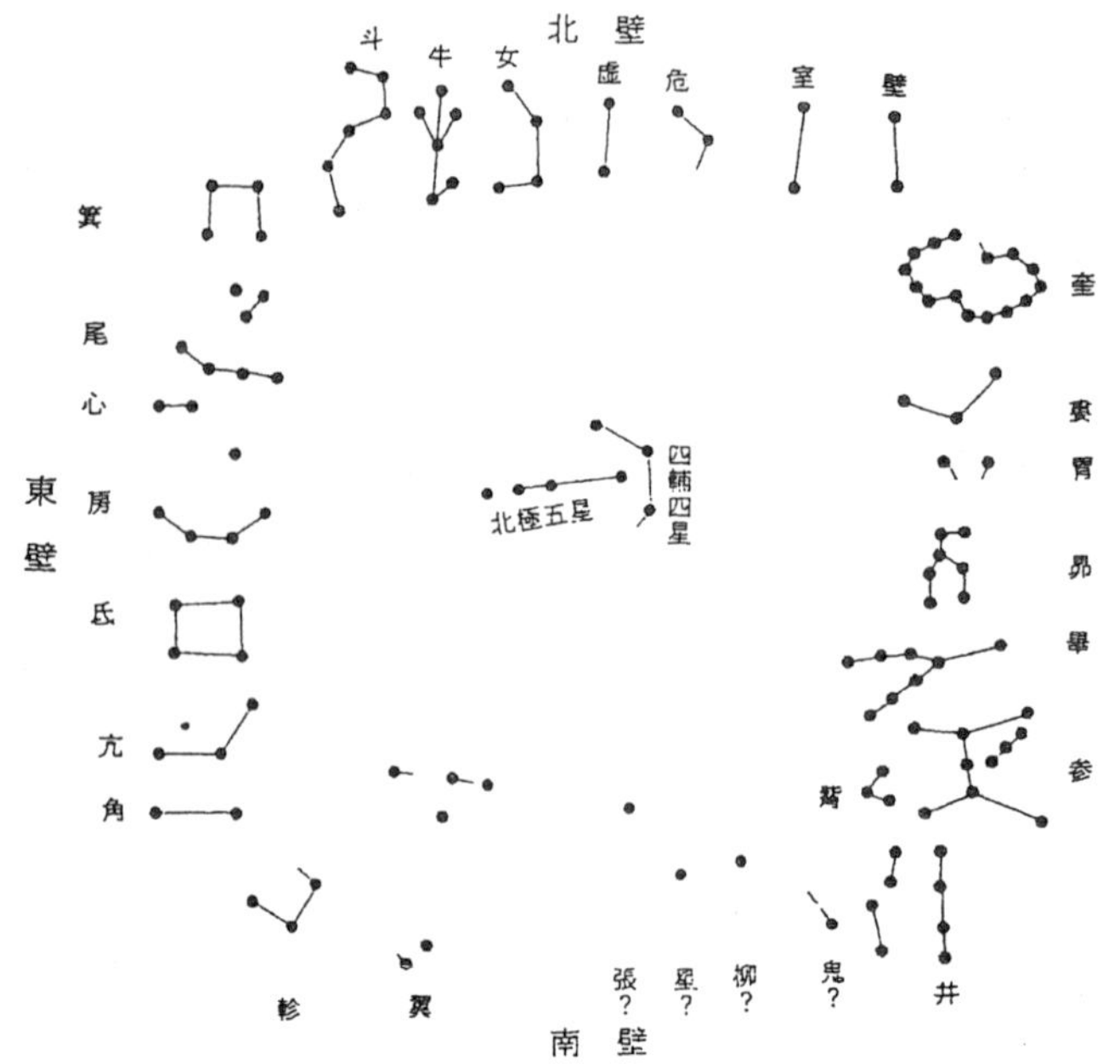

図3　高松塚古墳石槨天井の星宿図

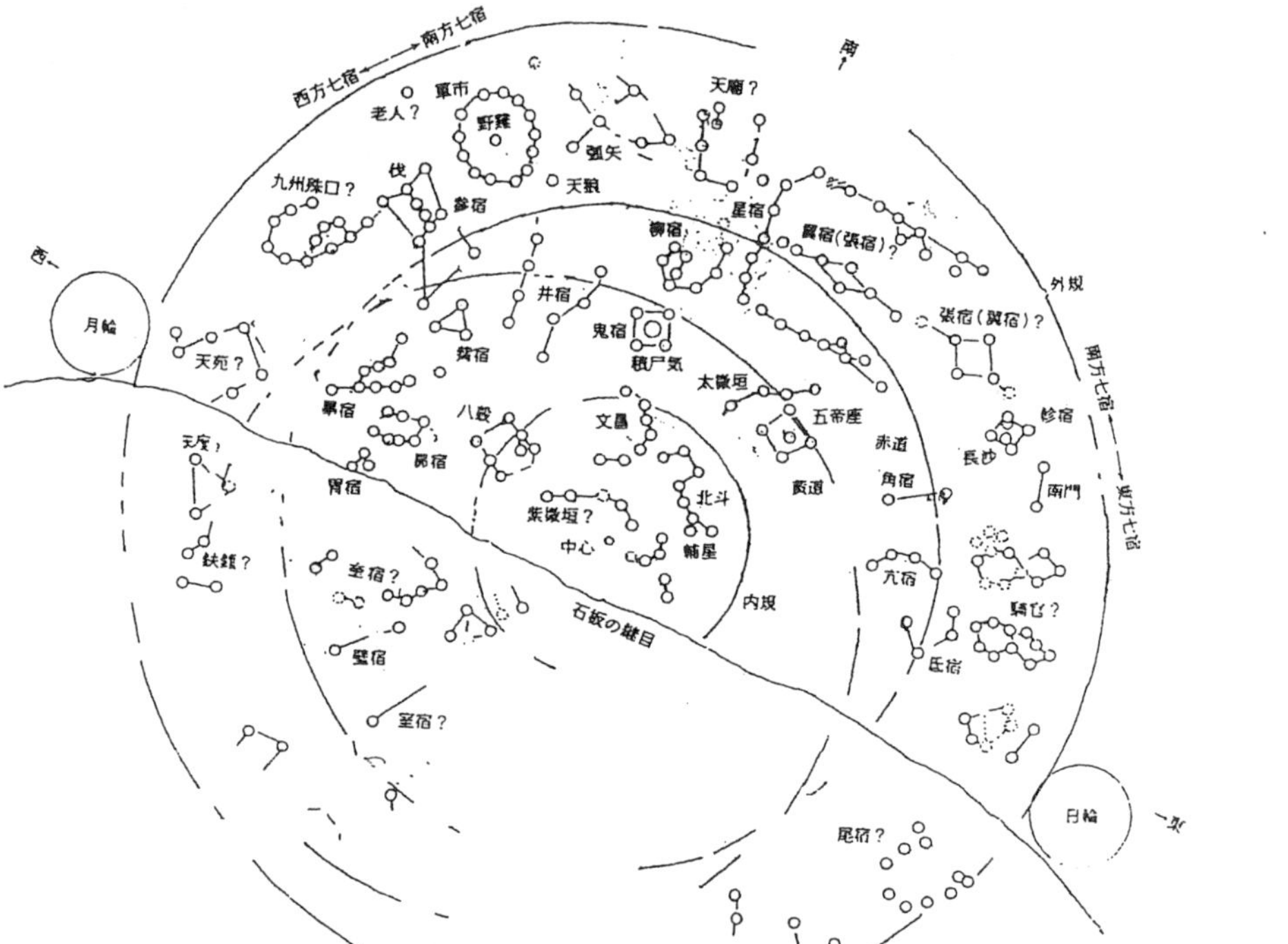

図4　キトラ古墳天井天文図の同定図（宮島一彦氏作図）

みなければ、いま私たちが討議しているような話の結論には至らないというのが私の意見です。

　高句麗には先ほど話がありましたように、安岳三号墳や徳興里古墳の壁画に墓主、すなわち被葬者像とその生活のありさまを描いています。時代も違いますが、高松塚古墳やキトラ古墳の壁画とは違います。高句麗古墳の壁画はむしろ中国との共通性が考えられます。そういうことを考えなければ、議論にはならないと思います。

　まだまだ私たちが見落としている資料がたくさんあると思いま

す。そういうものを集めて検討する必要があります。私の考えでは、表現の根底にあるのは似ている、似ていないでなく、系譜論だと思います。高句麗古墳の系譜、日本壁画の系譜の論議だと考えています。

最後にもう一つ、星宿図の問題があります。キトラ古墳の場合、今日の時点では正確なことはわかっていませんが、すでに公開されたデジタルカメラによる撮影資料を見ますと、内規と外規の重なっている位置が通常のものとは違います。写真でいいますと、この部分が裏焼きのようになっているのです。なぜそのような間違いを起こしたのか、紛本が間違っていたのか、これはもっと正確な写真が発表されてから、みんなで検討する必要があります。今すぐ、高句麗だ、中国だという必要はありません。やがて判明することだと思います。

三　高句麗古墳との比較

大塚　ありがとうございました。もうすでに二十分（笑い）、網干先生お一人で二十分と、こういうわけにもいきませんが、網干先生は、キトラ古墳の朱雀文について、具体的な諸例をひきながら、高句麗系統の影響というようなものを、否定するというよりも、そうじゃないということを割合強く主張なさいました。それに対して、全先生は、高句麗古墳の壁画に現われるいろんな現象を、たとえば空手の問題、相撲取りの問題とか、いろいろお話になりました。そういう点で、対極的に見ればキトラ古墳の朱雀には、高句麗古墳壁画との関係があるんだというお立場だったんです。だから、その点では網干先生とはだいぶ違うんです。いろんな考え方があっていいんで、二十分というわけにはいきませんが、全先生、私はこう考えるということを率直におっしゃっていただければと思います。

全　こういう段階でございますから、旗印を明確にしなければ、ちょっと旗色が悪くなりますので……。まず、先ほど網干先生は朱雀を例に取りながら、とくに法門寺の朱雀のことについておっしゃいました。それはそうだと思います。私が主張しているのは、そういうことではなく、法門寺の朱雀はお寺の朱雀であって、古墳ではありません。朱雀が描かれた古墳の壁画の類型のことです。その類型は、網干先生もおっしゃったように、系譜も含めております。歴史的な性格を持つものです。

とくにこの類型の中で重要な点は何かといいますと、中国の場合と対比する場合、この点を十分に見る必要があると思うのは、まず高句麗の場合は墓室の壁画であるということです。ほかのものではないということです。しかも墓室壁画に大きく描かれます。それから、壁画の部分と全体を統一的に見なければなりません。

その全体というのは何か。類型とその内容でありますが、たとえば天井には必ず日像の三本足のカラス、月像にはカエルや兎が描かれ、満天の星にはまさに星座が描かれます（図4）。それと一体となって、墓室の壁面には人物や四神が描かれます。中国のように石棺や瓦、門柱、銅鏡、画像石に描かれたものとは違います。きっちりと抑えておかなければならないのは、墳墓の絵画であるということです。

いま一つの問題は、コピーの文化であるかどうかです。もう一つは、そういう場合もありましょうが、文化というものは移し替えたときに必ず、その人たちが担ってきた思想なり、考え方、生活、趣味というものはその具体的な条件のなかでさまざまに変化するということです（図5）。九〇何基かの歴史的な性格と壁画内容を持った隣国が朝鮮半島に厳然として存在している以上、それとの関わりはどうであろうかということは、アプローチとしては非常に自然なことではないかと思います。ですから具体的な違いは当然明確にするべきです。

　これにもう一つ付け加えてみたいのは、先ほど網干先生がスライドを使って江西大墓の青龍のことについて具体的にお話されました。私も網干先生が使った江西大墓の青龍についての同じ写真を

図5　真波里4号墳に描かれた星宿図（星に金箔を打つ）

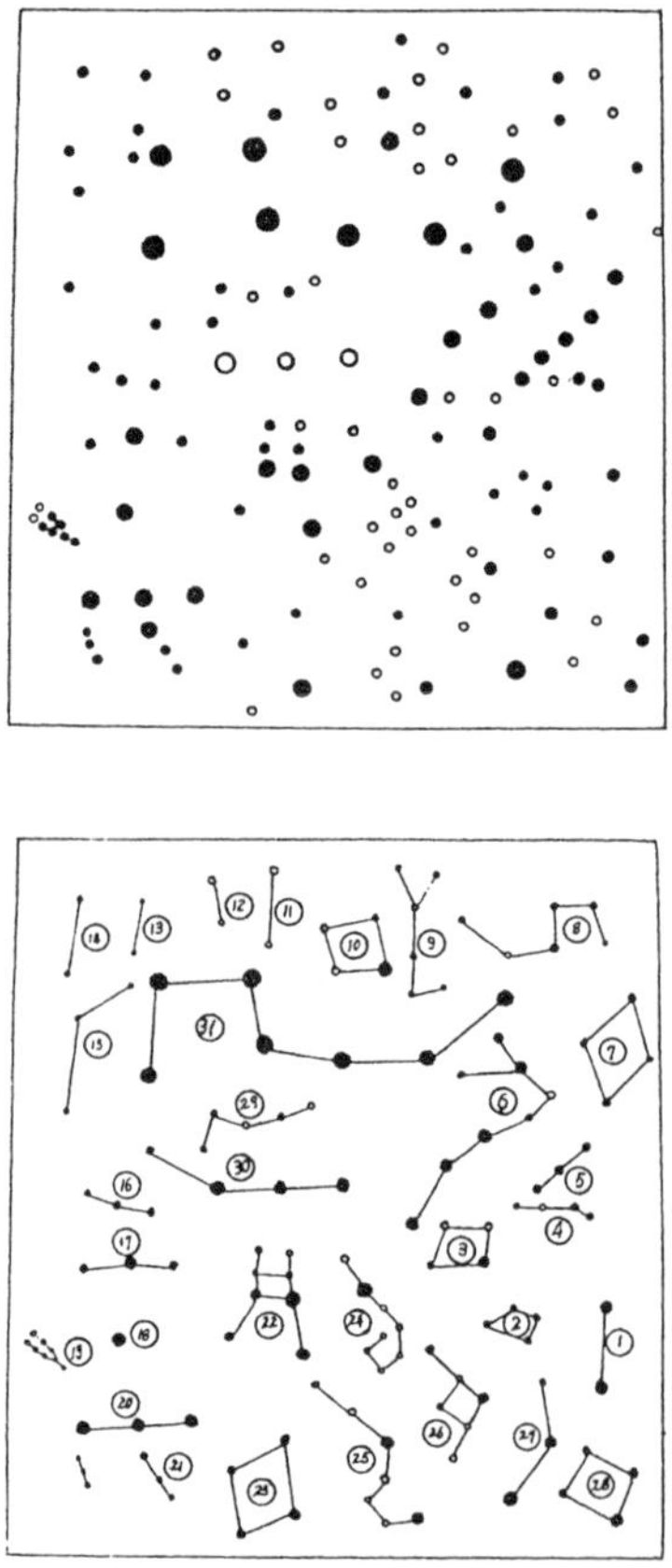

図6　真波里4号墳の星宿図と復元図

図7　徳花里1号墳の八角持送り天井に描かれた星座（北斗七星）

使って説明したいくらいです。まず言いたいのは、江西大墓の青龍です（図9）。あの舌を見て下さい。高松塚の青龍の赤くぺろーとした長い舌はぴったり江西大墓の青龍の舌と同じなんです。これをどう説明しますか。部分のこれだけは類似している。そうではないと思うのです。

それから、いま一つは高松塚の青龍の首に巻かれている蛇腹のことをおっしゃりながら、蛇腹についている×（ばってん印）「ペケ」について指摘されました。ここで最も重要なことは、高句麗の青龍の首には蛇腹のような帯が巻き付いていることです。江西大墓や高松塚の青龍はこの高句麗独特の蛇腹の帯をぐるっと巻いています。ここで留意されるのは、高松塚の蛇腹に「ペケ」が印されています。この印は、絵描き集団のあり方の問題であって、そこに何をつけるか、つけないか、あるいはつける必要があるかは絵描き集団の立場や考えです。各地の遺物にしばしば見える「×」と同じです。

また、いま一つ、網干先生がおっしゃいました高松塚やキトラ古墳の青龍なり、白虎なり、そのことについて一言申し上げますと、足の爪は三本になっています。高句麗の足の爪は三本なんです（図9・10）。これが本質的な問題です。もちろん足の運び方とか、飛び方とか、これは具体的な状況や条件のなかで、古代日本の飛鳥の

図８　真波里１号墳の北向きの白虎

図９　江西大墓の青龍

図10　江西中墓の白虎

都という具体的な条件のなかで、どのように画家が描くのかということです。

さらにいま一つは、ここで被葬者の問題をうんぬんすることではありませんが、キトラ古墳にしろ、高松塚古墳にしろ、そこに葬られている人は、いったい何を要求したのかということです。まず四神の絵がほしいとか、必ず四神の絵の中に俺を葬ってくれとか。死者を送る人たちは、挽歌を送る人たちは、そうだと思えばこの人にはこういう絵で、こういう墳墓で葬ってやりたいと。つまり死者が欲求し、送る人たちが欲求したものを描かなければならないわけです。だとすれば、これは朝鮮半島からのかなり密接な関係を持った人たちの画家であり、考え方であろうと思います。

ですから、個々の具体的な違いは当然あってしかるべきです。また同じものをそのままコピーしてもいいと思います。また、モデルをさまざまにモデルチェンジしても、それはかまわないと思います。発想をどのようにするかということです。結局は壁画の類型という形式によって、全体と部分を統一的にとらえるという墓室の壁画なんだということを強調したいと思います。

大塚　よくわかりました。考古学という学問はなかなか難しいところがございまして、具体的な事実を突き付けて、突き詰めて明らかにする。つまり形式、形態、様相、そういった観点から分析をしていくわけですが、大きな視点で見る場合、小さな視点で見る場合、いろいろ一つの事実、また違った観点が出てくるので、このテーマでもう少しやりたいんですけれども、西谷先生がまだ一言もおっしゃっていないし、この問題について何か感想をお願いしたいと思います。

西谷　お二方のお考えは正しいと思うんです。（笑い）ですけれど、網干先生がおっしゃったように、確かに違いがありますね。私も全く同感です。一方、全先生がおっしゃったように、類型という意味では共通しています。この点も全く同感です。それではいったいどこが違うのかということで、整理する必要があります。簡単に申しますと、それは時代が違うということなんです。時代の違うものを比較すれば当然違いますし、類型は一緒でも、全先生がおっしゃったように変化しますから、当然違いが生じてきます。私の申したいことは、北部九州の装飾古墳の場合、リアルタイムで比較しますと、高句麗と関係があるという点です。

今日のお二方は、古い時代の高句麗の壁画と、新しい時代の高松塚を比較されていますので、そういう違いとか、類型のお話になったのだと思います。私は、先生方のお言葉に合わせれば、高松塚・キトラ両古墳もそうなんですけれども、高句麗古墳壁画は類型というよりは、私は先祖だと言いたいのです。

昨日、東京へ参りまして、まっすぐ日本橋の三越に行きました。そこで鹿児島の薩摩焼の十五代襲名記念の展覧会が開かれておりました。十五代のあいさつ状を見ますと、大変すばらしいことをおっしゃっているんです。それは、「韓国という祖国に育まれ、薩摩という母に育てられた」と。そのことを生かして、いま作陶なさっているというわけです。

薩摩焼の場合は四百年前の話ですが、高句麗壁画古墳を先祖として、おじいちゃんかおばあちゃんか、いま先生方お二方が比較されたのは百年か二百年くらい前のことです。ですから、四百年前の萩焼を見ましても、忠実に再現しようとしている人もあれば、前衛のほうへわーっと広げた人もいます。そのように、私は高句麗を先祖としながら、高松塚に関して言いますと、お母さんが大和で、お父さんが唐だと考えるんです。そしてキトラに関しては、お母さんは大和だけれども、お父さんは統一新羅だと考えます。ともに高句麗だけでなくて、おじいさんか、何十代前かわかりませんが、百済もご先祖の可能性があると理解しています。

大塚　西谷先生にはちょうどいい所に座っていただきまして（笑い）、そこに考古学の難しさというものがあるということは、いみじくも西谷先生がおっしゃってくださったんですけれども、もう一つ西谷先生に伺いたいのは、今日、九州の古墳壁画の中で、たとえば福岡県吉井町の珍敷塚《めずらしづか》古墳の太陽があり、月があって、お月様の所にヒキガエル、蟾蜍《せんじょ》の絵があるということで問題にされました。これはまさしく高句麗古墳壁画との、かなりダイレクトな関係としてお考えでしょうか。

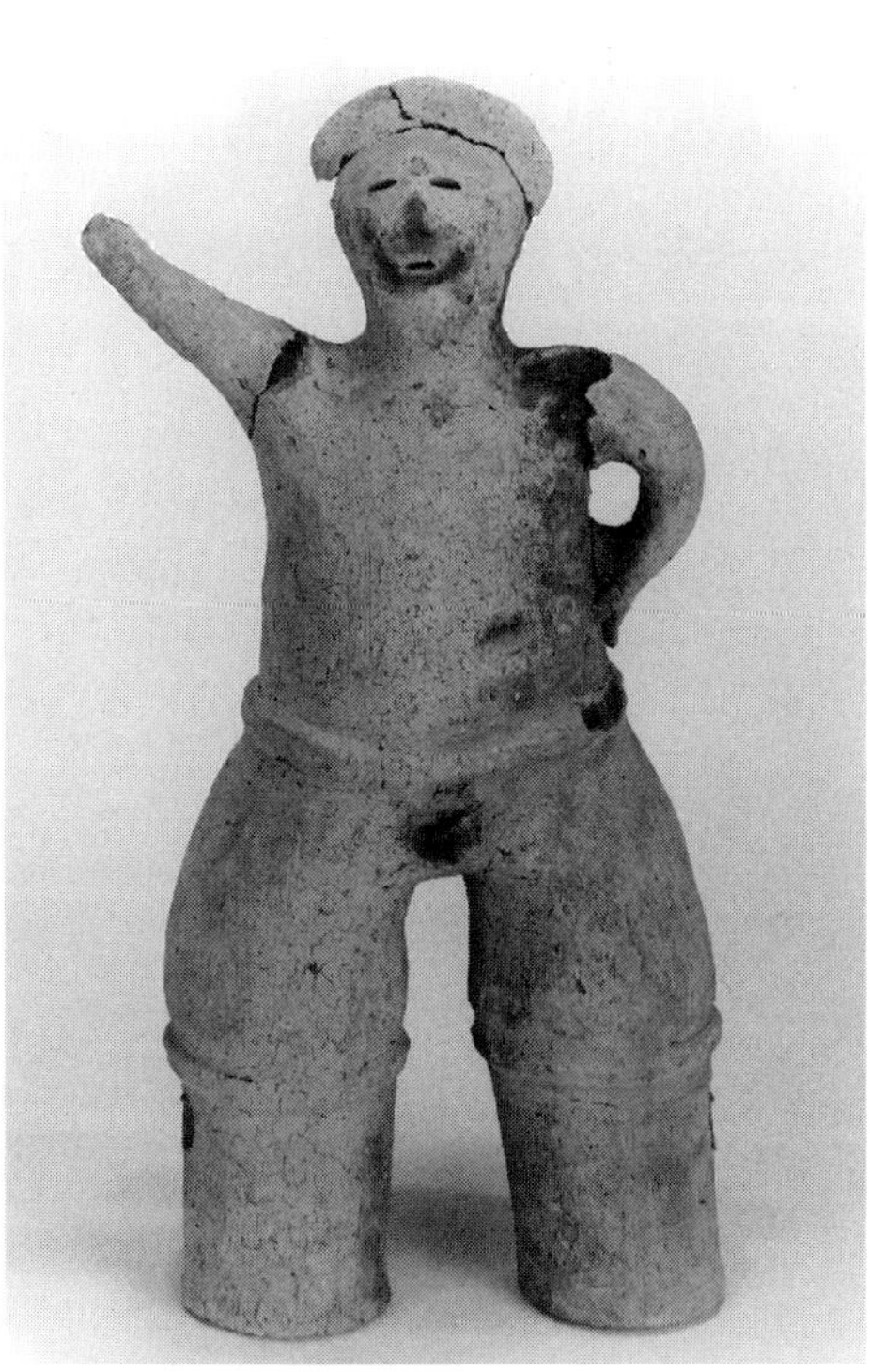

図11　原山１号墳出土の力士埴輪
（福島県立博物館提供）

西谷　そうです。

大塚　その辺をもうちょっと。では番塚古墳からヒキガエルの金具が出ていますね。ああいうものを含めた、周辺の話をお願いできますか。

西谷　西暦五五〇年代、つまり六世紀の中ごろから、新羅がどんどん力を増していきます。結局は新羅が朝鮮半島を統一するわけですが、その出発が六世紀の中ごろなんです。新羅がどんどん勢力をのばしてきますから、加耶や百済そして高句麗も新羅を押さえ込もうとして、大和との間に、加耶や百済だけでなく、後ろの高句麗との関係もできてくるわけです。百済や高句麗の影響がどっと入ってくるという脈絡の中で、六世紀後半の日本古墳文化における高句麗的要素というものを理解したらどうかと思っております。

大塚　全先生のお話の中で、福島県の原山一号墳の相撲取りの埴輪のことが出ましたけれど、相撲とかそういう問題についての朝鮮半島との関係は、西谷先生どうでしょうか。

西谷　先ほど申しましたように、やはり高句麗からの延長線上で、先祖は、あるいはルーツはどこかということで理解したいと思いますね。七夕図も、そして流鏑馬もそうです。

四　高松塚とキトラ古墳

大塚　網干先生、本当は今日は高松塚とキトラ古墳だけに集中してもよかったんですが、そうもいかないんで、話がいろいろ動いたんですが、先生のお話の中でも、年代論は高松塚もだいぶ新しく下げて、場合によっては七三〇年という年代もちょっと先生の口からでたんですが、キトラ古墳のほうが若干古くお考えなんでしょうか。

網干　それはわからないです。

大塚　高松塚やキトラ古墳のことで最近のニュースか情報でもありましたらお願いします。

網干　高松塚のほうが古いという意見があります。逆にキトラ古墳のほうが古いという意見もあるわけなんです。これは「古いと思う」というだけなんです。キトラ古墳が古いという理由はいったい何なのかということになるわけです。高松塚古墳が古いという理由はどこにあるのか、根拠はどこにあるのかということになってきますと、何もないんです。ただ言われていることは、高松塚の天井石は平面的である。キトラ古墳の天井石は内部が家型に刳ってあるという。だから、刳ってあるほうが古くて、それがべたっと下がってきたら高松塚になるから、高松塚は後だと。こういう論理があるらしいんだけれども、私はそんなことを言ってませんよ。（笑い）

ところが終末期古墳の中にはもう一つドーム型のものがあります。天井が丸くなっているもので、この事例は鬼《おに》の雪隠《せっちん》・爼《まないた》がそうです。中尾山古墳の天井もそうで、丸くなっています。すなわちタイプで言いますと、平面的なものと、天井内部に刳り込んであるのと、ドーム状（穹窿状）になっているのとがあるのです。この三つのうち、どれが一番古いのか、次にどれなのか、そして一番新しいのはどれなのかという議論になりますと、これは先ほどの話と一緒です。非常に主観的な話になるわけです。「私は古いと思う」ということになってくるわけです。

仮に古い、新しいができましても、その時間差というのはどのくらいあるのかということを考えてみますと、恐らく二十年とか三十年とか一世代ぐらい、お父さんと息子ぐらいの開きだと思うのです。その中でいろんなタイプのものができるわけです。牽牛子塚《けんごしづか》だってドーム状でしょう。丸いものもあるし、真っすぐなものもあるし、キトラ古墳もそうですが刳り込んであるのもあります。これをやめてこちらになったと、それが何年かということがわかればよろしいが、そうでなかったら、その開きが二十年とか三十年とかという話になりますと、刳り込んでいるのもあれば、真っすぐなものもあるし、丸いのがあっても別にそれは構わないわけなんです。そういうことが年代の決定の要素になるのか、ならないのかという話です。

確かにどちらかに決めたほうがおもしろいです。キトラ古墳が古いか高松塚古墳が古いかという話はおもしろいけれども、それが本当の真実の話かということになると、それはわからない。決めたほうがおもしろいとは思いますが、学問の話とは違うわけですから。

でもキトラ古墳の中を掘って遺物が出てきたら、その遺物と高松塚古墳の遺物を比較することによって、ある程度の年代幅がわかるかもしれませんよ。

大塚　ということは、今年じゅうに多少わかるかもしれないということですね。

網干　比較できる副葬品などがあればね。

大塚　高松塚古墳の発掘を中心になっておやりになった網干先生の発言ですから相当重みがありますね。私なんか軽いから、論文を読むと、キトラのほうがちょっと古いのかなというふうに思うんですが、いろいろ立場があるようですね。

図12　水山里古墳に描かれた人物像（模写線画）

図13　水山里古墳の女人像

全先生、率直に言って、私など高松塚の女性や男性の人物像の絵を見て、それから高句麗の古墳壁画の人物像を見ると、中国的だなというふうに思わざるをえないのですが、その辺についてご意見ございますか。

全　先ほどの網干先生の話ではないんですが、ただ似ているとか、似ていないだけではちょっとまずいんじゃないかと思います。そうではなくて、全体像の中で、たとえば婦人像の髪の形とか、男子の服装であるとかを見る必要があります。しばしば網干先生もおっしゃったような高松塚古墳壁画と永泰公主墓と比較して似ている、似ていないとかという場合です。西安の永泰公主墓の場合、似ているとされるのは四神と人物像ですが、四神は大きい羨道つまり、中国でいう壁道に青龍と白虎だけが描かれています。墓室壁面ではないわけです。また、男女人物像を対比して似てる、似てないということではなくて、そこに描かれた男子の服装、婦人像の髪型、衣裳を見ますと（図12・13）、高句麗式、朝鮮式のチマ・チョゴリだと思うんです。そういったものを見ますと、やはり高句麗との関係を考えてみる必要があるんではないかと思うわけなんですが……。

大塚　高松塚の発掘当時から「高句麗だ、中国風だ」という問題はずっとありましたよね。今日お話を伺って、やはり依然としてこれはずっとつながっているというふうに考えざるを得ないんですが……。

五　九州と東日本の壁画古墳

大塚　西谷先生、私の大急ぎの話を聞かれて、たとえば茨城県あたりの方墳の横穴式石室の壁画の中に出てくる、威儀具とかそういう絵の題材とか、絵のタッチなどを見て、東日本の彩色のある古墳壁画というのは、九州の重定とか日ノ岡などの古墳壁画と比べて、「いや、あれは切り離して考えるべきものだ」と考えるか、それとも脈絡があると見るべきなのか、率直なところ、西谷先生いかがでしょうか。

西谷　私は虎塚古墳しか拝見していないんですが、今日、大塚先生のお話を伺いまして、私も「なるほど」と思って聞いておりました。そういうことで、私はやっぱり中部九州まで含めて、北部九州の装飾古墳と東北のそれとの間にはどうも関係があるんじゃないかという印象を強くしました。

大塚　「どうして瀬戸内や畿内に彩色の壁画古墳が少ないんだろう」ということは、相当古くから言われているんですが、なかなかおもしろい解答がないんですよね。

西谷　大和が真ん中にありますから、大和が九州からぽんと東北へ移住させたとすれば理解できますよね。皆さんご承知のとおり、四世紀の後半に前秦から高句麗に仏教が入ってきます。その前秦は同じ四世紀の後半に、東では高句麗に仏教を伝え、西では敦煌を開いています。敦煌と高句麗の間には石窟《せっくつ》と壁画古墳という違いはありますけれども共通点がいっぱいあるんです。何千キロも離れているのに共通点があるということは、その間に前秦があるからなんです。ですから、大和が真ん中にあって、その両側に九州と東北があるというふうに考えればどうでしょうか。

　もうちょっといいですか。

大塚　どうぞ、どうぞ。

西谷　七世紀の後半に高句麗が滅んで、亡命人が日本へやってきます。それで大和王権は武蔵に住まわせて高麗郡まで作っています。それは古代の話で、『風土記』を見ていて非常におもしろいと思うのは、人々が地域間で盛んに動いています。四国の讃岐から播磨へ行ったとか、紀伊から摂津に行ったとか、随分と人が動いているんです。

　それから、鹿児島県選出の国会議員に二階堂という自民党の副総裁がおられました。鎌倉に行きますと二階堂という地名がありますが、鎌倉の御家人がぽーんと鹿児島へやられたわけです。それが今の二階堂さんです。ですから近世に徳川幕府が開かれたら、仙台からぽーんと転勤族みたいにあちこちやられたりとかあったでしょう。

　このように、近世、中世と上っていきますと、かなり大和王権が強力に人を動かしている可能性があります。あるいは、朝鮮半島に軍事支援するときには、あちこちから動員して軍隊を編制するということがありましたでしょうから、かなり地域的な動きがあったと思います。そういう中で、装飾古墳の共通性も出てくるんじゃないでしょうか。私はそのように理解したらどうかと思って、大塚先生のお話を伺っておりました。

大塚　そうですか。今、西谷先生がご指摘になったように、最近の日本考古学の研究の中では、これまで考えられていた以上に、日本列島内の人の動き、ものの動き、集団の動きが弥生時代以来というか、もう縄文時代からすでに動きがあるんですけれども、非常に激しく動いているという、そういうことがだんだん言えるようになってきました。兵庫県の弥生土器が中間を抜いて神奈川県の小田原市中里遺跡から相当量発見されるという。途中が抜けているということで、それはもう船で来たと考えざるをえないという、そういう事例がどんどん増えているものですから、東国の彩色古墳壁画のすべてではないにしても、かなり九州との関係というものをやはり考えなければならないということで、西谷先生のお話はそういうことだったんですね。

本年度いよいよキトラ古墳の学術調査が開始されるようなんですが、それについての周辺の問題、まだ掘っていないのでこれからなんですが、予測されるというか、話題提供ということで、網干先生、東京の皆さんに最新情報をお願いします。（笑い）

網干　私たちは大和におりまして、大和をフィールドにして仕事をしているわけですが、東京の先生方が書かれたものも読んでいるわけです。ところがどうも、かなり感覚のずれがあるらしいんです。東国と大和は。（笑い）いろんな面で違いがあるようです。

東国の人は、材料やニュースをえられるのは、新聞や雑誌、テレビなどで、ちゃんとした論文を読んでえられるということは少ないわけです。

たとえばの話ですが、私が書いたものがいいとは言えませんが、高松塚古墳に関しまして、基本的理解からずっとこの三十年間に考えてきたことは一冊の論文集にまとめております。しかし、こんな本はだれも買ってくれないわけです。（笑い）で、本屋へ行きますと、千円か二千円くらいの本が沢山並んでいる。邪馬台国はどこだったかというような本が人気があるわけなんです。それですべて歴史がわかったと思っていたら、それはえらい間違いでありまして、感覚的にかなりずれがあると思います。

六　キトラ古墳の調査に向けて

網干　そこで今、大塚先生からお話があったように、今度キトラ古墳の発掘が行なわれます。もう体制ができていまして、予算もつきました。まだ通常国会が開かれていませんから、決まっていませんが、財務省の来年度の予算の内示が出ており、先日新聞で発表がありました。予算がつきましたら、恐らく四月以後調査に取りかかられるだろうと思います。

一番大きな問題は中にどうやって入るかという話です。盗掘口がありまして、そこからデジタルカメラを入れて、反対を向いて入り口側を写されたのです。それによりますと、外側から向かって左側の端に大きな盗掘の穴があります。恐らく、それは三角形状の穴であろうと思われます。そこからしか入る方法がないのです。それでいっそのこと、南側の壁をはずせというような話もあります。だれが調査団長となられるのか知りませんが、壁をはずすということについてはかなり抵抗がありますから、恐らく容易にはずせないと思います。

そうすると、その隙間みたいな所から石槨内に入るしかない。中に入りますと、石の上に漆喰《しっくい》が塗ってあって、その上に絵が描いてあります。切石の上に漆喰が塗ってあるわけで、石の上に漆喰というのはそんなにうまく付着するものじゃないのです。漆喰って白壁です。デジタルカメラで見ていきますと、漆喰の所には穴がいっぱい開いていて、ここから黄色や茶色の水がいっぱい垂れた痕跡があります。ということは、石と漆喰の間に雨水が入っているわけです。穴なんか弱い所がありますと、途中まで行ったら水が吹き出す。ということは、裏側が付着していないということです。後ろに水が通っているのです。

さあ、これを調査する前にどうするかということです。粘着技術というのは高松塚古墳の時にやりましたから日本は優れています。高松塚では非常に早い段階で石と漆喰とを引っ付けました。特別な技術です。ですから三十年たっても非常に安定しています。百年はどうか知りませんよ。樹脂の耐用年限がどのくらいあるのか、寿命はどのくらいか知りませんが、とにかく今は三十年たっても付着しています。

キトラ古墳の場合もまずそれをやらなければならない。入った途端ばさっと落ちるはめになったら、その責任はだれが取るのですか。（笑い）文部科学省がその責任を取ってくれますか。そうじゃないでしょう。恐らく現場だと思うのです。現場ではそんな怖いのどうしょうという話になりますね。横から見ていたらおもしろいけど。（笑い）これは卑怯な話です。だから、まず引っ付けなければならない。引っ付けるためには人が入らなければ引っ付けられない。注射器だけを棒の先に付けて注射するわけにはいきません。人が入らなければいけないとなると、どうやって入るのか。下はまだ全然掘っていません。この上に入るには靴を履いて入るわけにはいきません。何があるかわかりませんから。

そうすると、歩板を掛けて上に上げて入らなければいけない。その歩板をどこから入れるのか。恐らく大変だと思うのです。これ以上話しますと時間が足りませんので、これくらいにします。

それから十二支像といわれているものがあるのか、ないのか。寅《とら》がみつかっています。これは寅であることは間違いありません。位置もよろしい。子《ね》・丑《うし》・寅ですから……。

北側は十二の四分の一ですから三つです。真ん中にあるのは、恐らく子《ね》だと思うのです。その向って左側（西側）には亥《い》があるはずです。あることはわかっていますが、図像がわからないんです。中に入りますと、赤外線写真で写すことができます。明確に写ります。そうすると、恐らく十二支が並ぶだろうと思います。どこまで残っているか、それは話が別ですよ。

そうしたときに、改めて十二支像の問題が出てきます。それを予告しまして、『古都・飛鳥の発掘』（二〇〇三年）の中に「東アジアにおける十二支像の起源とその展開」というのを書きました。これはいわゆる予告編でして、十二支像が出てくれば、恐らくこう考えられるということを書いたものです（『関西大学博物館紀要九』〈二〇〇三年三月〉に「十二支像の展開と獣頭人身像」を書きました）。皆さん、時間がございましたら、ひとつご覧いただいて、こういうことを言わんとしているのか、こういうことが問題になっているのかということを知っていただければと思います。

大塚　ありがとうございました。もう時間もあまりないんですが、全先生、高句麗壁画古墳は世界文化遺産に申請中だという話ですが、まだなっていないんですね。

全　ええ、まだです。

大塚　今後どういうふうになっていくか、保存、整備のことで何か情報がありましたらご紹介下さい。

全　いや、私も知りたいんです。

大塚　共和国は懸命に、とにかく残す、保存することで頑張っているんですね。

全　そうです。保存の問題が大変大きな問題になっていますから……。

七　さいごに

大塚　いよいよあと十分ほどになりました。これまでの話の過程で、何か言い残したということがありましたら……。

全　網干先生には反対、ということではないんで誤解されては困るんですけれども、最後にキトラ古墳と関連して描かれた十二支の問題に触れられました。私も少しは考えたんですが、ただ、キトラ古墳に描かれた十二支像が新羅の慶州のものよりも古いんだというふうに断定できるかどうかということです。私の理解によれば、網干先生がご指摘されたこととは違って慶州における龍江洞の青銅製十二支像は、私は七世紀末とみるわけなんです。姜友邦先生が八世紀といったのか、私はそのあたり、ちょっと怪訝なんですが、もし七世紀末とするならば、ほとんど同時期です。だとすれば朝鮮半島との関係で見るのが最も自然であるし、造形化された十二支像が大いに製作され、独自に発達したのは新羅であり、十二支像のメッカは慶州ですから。そこには金庾信墓《きんゆしんぼ》をはじめとして十二支像がずらっと並んでおりますし、その後も発展していきました。ただ問題なのは新羅慶州で一番古いのはいつかという問題です。はたして網干先生がおっしゃったように八世紀、そうなのか。私は七世紀末と見ているんですが。これもまた見解の相違で根拠は何かということです。

網干　ちょっと一言だけ。これは私が年代を決めたのではなくて、姜さんという韓国の有名な十二支の研究者が論文として書いた中に、これが載っているということだけです。

西谷　今の全先生のお考えと私は全く同感でございます。姜友邦先生は考古学者でなくて美術史の先生なんですけれども、今一番わかっている古いものは、聖徳王陵の獣頭人身像です。新羅の王陵も実は、日本で言えば江戸時代のころに、日本の蒲生君平と同じようにこれはだれの陵だと決めていったんです。ですからほとんど駄目なんです。その中で、聖徳王陵だけは昔から伝承されている真の王陵でしょう。この聖徳王が亡くなったのが、唐の年号で開元二六年、西暦七三七年です。それで、姜先生は八世紀の中ごろとおっしゃっているんです。今のところ、中ごろでも第2四半紀、つまり七三七年のものが一番古いんです。

今、網干先生がおっしゃいましたように、龍江洞というところの古墳の横穴式石室の中に、八センチくらいの大きさの銅の十二支像が副葬されていました。実際は十二体のうち九体です。これが一番古いんです。問題はこの年代ですが、私は全先生がおっしゃいますように、七世紀末までさかのぼる可能性があるというふうに考えております。

私は平成十三年十二月に、福岡で飛鳥保存財団と奈良大学の合同講演会がありまして、その時にこの話をしました。つまり、天武朝から文武・持統朝へと、あの辺りというのは、非常に新羅と関係が深いのです。たとえば、薬師寺に見られる双塔伽藍配置、そしてその基礎の壇上積基壇があります。天武天皇の時代には、天武十年でしたか、新羅から瞻星台を習ったということが『日本書紀』に書いてあります。ともかく新羅と密接な関係にありました。それから最近明日香で苑池が見つかりました。あれは雁鴨池のものと全く同じ技法です。

つまり、天武朝の七世紀後半というのは、非常に新羅との関係が深いんです。私はキトラに関しては何代前かわかりませんが、高句麗と百済を先祖とし、そして、新羅と大和を両親として生まれたと考えています。ですから私は、高松塚は唐ですけれども、キトラ古墳はやはり唐ではなくて、新羅を重視すべきだと言ってきました。まだその時は十二支図が出ていませんでしたけれど、あれが出てきてますます確信を深めております。

大塚　ありがとうございました。今日の午前十一時から始まりました今回のシンポジウムで、日本の古墳が七世紀末から八世紀初頭の年代論について、キトラ、あるいは高松塚が東アジアの歴史の中で、日本との関係論で問題になるということは、私どもも若いころから考古学をやっていて、ここまでになるとは実は思わなかったということで感無量の点がございます。

今日は網干先生のお話から始まりまして、西谷先生、全先生、私と四人の発表と、パネルディスカッション「古墳壁画の出現とその展開」ということで、考古学という学問だけではないと思いますが、一つの事実について、これだけ立場が違う、見方が違う、いろいろジャンルが違うということで、一つの事実を明らかにしていくというのはなかなか大変なことだと感じました。自然科学の実験ですと、かなりはっきりしたものが出てきますけれども、人文科学、とくに考古学の場合にはいろんな見方があります。新しい資料がどんどん発掘されるということで、今後もなおこの問題については深く掘り下げられていくだろうと思います。私としては、東国の古墳壁画、彩色の古墳壁画が、西谷先生がかなりはっきりと「私もそう思う」とおっしゃられたので、私はこれで十分だと思っております。

明治カルチェ・ヴィヴァンの新春シンポジウムは今回で五年目でございますが、会場の皆様方の大変熱心なご賛同、それに雰囲気作りをしていただきまして、かなりその雰囲気に乗ることができました。網干先生と全先生との激烈とは言えなかったけれども、私の知っている討論会では割合に両者踏み込んでやったなという感じです。もう少しやったほうが皆さんには良かったと思うんですけれども、両先生はじめ西谷先生には大変ご苦労をお掛けしまして、ここに無事終わることができました。先生方ありがとうございました。また会場の皆様もほんとうにありがとうございました。以上をもって終わります。

（拍手）

主要装飾古墳一覧

編集部編

古墳名	所在地	墳形	埋葬施設	施文方法	図文の種類	備考
福岡県						
狐塚古墳	浮羽郡田主丸町地徳	円	横穴式石室	彩色（赤・青）	同心円文・亀甲文？斜十字文？	国史跡
寺徳古墳	浮羽郡田主丸町益生田	円	横穴式石室	彩色（赤・黄・青）	円文・同心円文・三角文	国史跡
原古墳	浮羽郡吉井町富永	円	横穴式石室	彩色（赤）	船・人物・円文・同心円文	国史跡
珍敷塚古墳	浮羽郡吉井町富永	円	横穴式石室	彩色（赤・青）	人物・靫・船・鳥・ヒキガエル・蕨手文	国史跡
鳥船塚古墳	浮羽郡吉井町富永	円	横穴式石室	彩色（赤）	人物・鳥・船・靫・大刀・同心円文	国史跡
古畑古墳	浮羽郡吉井町富永	円	横穴式石室	彩色（赤）	人物・三角文・同心円文	国史跡
日ノ岡古墳	浮羽郡吉井町若宮	前方後円	横穴式石室	彩色（赤・白・緑・青）	馬・船・魚・靫・盾・大刀・円文・同心円文・連続三角文	国史跡
重定古墳	浮羽郡浮羽町朝田	前方後円	横穴式石室	彩色（青）	靫・鞆・同心円文・蕨手文	国史跡
塚花塚古墳	浮羽郡浮羽町朝田	円	横穴式石室	彩色（赤・緑）	盾・靫・円文・同心円文・蕨手文・三角文	国史跡
浦山古墳	久留米市上津町浦山	前方後円	横穴式石室	線刻彩色（赤）	同心円文・直弧文・鍵手文	国史跡、横口式石棺に施文
日輪寺古墳	久留米市京町日輪寺境内	前方後円	横穴式石室	浮彫的線刻（赤）	同心円文・鍵手文	国史跡、石障に施文
下馬場古墳	久留米市草野町吉木	円	横穴式石室	彩色（赤・青）	盾・同心円文・三角文	国史跡
石人山古墳	八女郡広川町一条	前方後円	横穴式石室	浮彫的線刻	同心円文・直弧文	国史跡、横口式石棺に施文
弘化谷古墳	八女郡広川町広川	円	横穴式石室	彩色（赤・緑）	靫・円文・同心円文・連続三角文・双脚輪状文	国史跡、石屋形に施文
乗場古墳	八女市吉田	前方後円	横穴式石室	彩色（赤・青・黄）	靫・円文・同心円文・連続三角文・蕨手状文	国史跡
丸山古墳	八女市詰間田	円	横穴式石室	彩色（赤・黒・緑）	連続蕨手文・三角文・対	国史跡

福岡県						角線文	
福岡県	倉永古墳	大牟田市倉永	円	横穴式石室	線刻	舟?・人物?同心円文	
福岡県	萩ノ尾古墳	大牟田市東萩尾町	円	横穴式石室	彩色（赤）	盾・船・円文・同心円文・三角文	国史跡
福岡県	狐塚古墳	朝倉郡朝倉町入地	円	横穴式石室	線刻	船・馬?・樹木?・円文・同心円文	
福岡県	観音塚古墳	朝倉郡夜須町砥上	円	横穴式石室	彩色（赤）	船・騎馬人物・同心円文	
福岡県	仙道古墳	朝倉郡三輪町	円	横穴式石室	彩色（赤・緑）	同心円文・円文・三角文	国史跡
福岡県	五郎山古墳	筑紫野市原田	円	横穴式石室	彩色（赤・黒・緑）	靫・船・家・人物ほか	国史跡
福岡県	剣塚古墳	福岡市博多区竹下	前方後円	横穴式石室	線刻（彩色?）	船	
福岡県	吉武七号墳	福岡市西区金武	円	横穴式石室	彩色（赤）	渦文・人物	
福岡県	浦江一号墳	福岡市西区金武	円	横穴式石室	彩色（赤）	渦巻状文	
福岡県	王塚古墳	嘉穂郡桂川町寿命	前方後円	横穴式石室	彩色（赤・黒・白・緑・黄）	靫・盾・大刀・弓・騎馬人物・三角文・同心円文・円文・双脚輪状文・蕨手文	国特別史跡
福岡県	城腰一号横穴	嘉穂郡頴田町佐与	横穴		線刻	人物	
福岡県	竹原古墳	鞍手郡若宮町竹原	円	横穴式石室	彩色（赤・黒）	人物・翳・鳥（朱雀）・船・怪獣ほか	国史跡
福岡県	古月横穴群	鞍手郡鞍手町古門	横穴		線刻	動物	四基に施文
福岡県	桜京古墳	宗像郡玄海町牟田尻	前方後円	横穴式石室	彩色（赤・緑・黄）	連続三角文・対角線文	国史跡、石屋形に施文
福岡県	川島古墳	飯塚市川島	円	横穴式石室	彩色（赤・黒）	人物・円文・三角文	
福岡県	成合寺谷一号墳	山門郡瀬高町	円	横穴式石室	彩色（赤）	三角文（菱形文?）	
佐賀県	田代太田古墳	鳥栖市田代本町	円	横穴式石室	彩色（赤・黒・緑）	人物・騎馬・船・盾・同心円文・連続三角文・蕨手文ほか	国史跡
佐賀県	ヒャーガンサン古墳	鳥栖市今町八ツ並	円	横穴式石室	彩色（赤）	円文（十文字）	
佐賀県	伊勢塚古墳	神埼郡神埼町志波屋	前方後円	横穴式石室	彩色（赤）	円文	
佐賀県	西隈古墳	佐賀市金立町	円	横穴式石室	線刻彩色（赤）	円文・連続三角文	国史跡
佐賀県	米ノ隈古墳	小城郡小城町米ノ隈	円	横穴式石室	線刻	人物・斜格子文・格子文	
佐賀県	古賀山四号墳	多久市東多久町別府	円	横穴式石室	線刻	斜格子文・弧状文	
佐賀県	永池古墳	杵島郡北方町大渡	円	横穴式石室	線刻	人物・馬・格子文	

県	古墳名	所在地	墳形	内部構造	技法	文様	備考
佐賀県	勇猛寺古墳	杵島郡北方町芦原	前方後円	横穴式石室	線刻	人物・船・家・格子文	
	竜王崎六号墳	杵島郡有明町深浦	円	横穴式石室	線刻	家	
長崎県	長戸鬼塚古墳	北高来郡小長井町小川原	円	横穴式石室	線刻	船・格子文ほか	
	丸尾古墳	北高来郡小長井町牧名	円	横穴式石室	線刻	格子文	
	善神古墳	北高来郡高来町湯江	円	横穴式石室	線刻	人物・斜格子文	
	鬼屋久保古墳	壱岐郡郷ノ浦町有安	円	横穴式石室	線刻	船・鯨？	
大分県	法恩寺三号墳	日田市刃連町	円	横穴式石室	彩色（赤）	人物・馬？鳥・円文・同心円文	国史跡
	穴観音古墳	日田市内河町	円	横穴式石室	彩色（赤・緑）	人物・船・円文・同心円文・連続三角文ほか	国史跡
	ガランドヤ一号墳	日田市石井	円	横穴式石室	彩色（赤・緑）	馬・鳥・船・円文・同心円文・渦文・X字形文ほか	国史跡
	鬼塚古墳	玖珠郡玖珠町小田	円	横穴式石室	彩色（赤・青・白）	同心円文	
	伊美鬼塚古墳	東国東郡国見町伊美	円	横穴式石室	線刻	人物・船・動物・鳥	国史跡
	加賀山横穴群	宇佐市四日市町加賀山	横穴		彩色（赤・黒）	円文・同心円文・忍冬文	三基に施文
	鬼ノ岩屋古墳	別府市北石垣	円	横穴式石室	彩色（赤・白）	連続山形文	国史跡
熊本県	四ツ山古墳	荒尾市大島区笹原	円	横穴式石室	線刻	円文	
	三ノ宮古墳	荒尾市平井区上井手	前方後円	横穴式石室	線刻彩色（赤）	山形波状文	石棺？に施文
	大原九号墳	玉名郡岱明町野口			線刻	放射線文・三角文	箱式石棺内壁に施文
	石貫穴観音横穴群	玉名市石貫	横穴		彩色（赤・白）・線刻	円文・連続三角文	国史跡、三基に施文
	石貫ナギノ横穴群	玉名市石貫	横穴		彩色（赤）・浮彫・線刻	弓・矢・大刀・船・同心円文・菱形文ほか	国史跡、一五基に施文
	石貫古城横穴群	玉名市石貫	横穴		線刻	人物・船・三角文	五基に施文
	原横穴群	玉名市富尾	横穴		線刻・彩色（赤）	船・円文・連続三角文・羽状文	六基に施文
	大坊古墳	玉名市玉名	前方後円？	横穴式石室	彩色（赤・青）	円文・連続三角文	国史跡
	永安寺東古墳	玉名市玉名	円	横穴式石室	線刻彩色（赤）	馬・船・円文・連続三角文・三角文	国史跡

熊本県	永安寺西古墳	玉名市玉名	円	横穴式石室	線刻彩色（赤）	円文（三段）	国史跡
	馬出古墳	玉名市元玉名	円	横穴式石室	線刻彩色（赤）	円文・連続三角文	消滅
	横畠横穴群	玉名市溝上	横穴		彩色（赤）	円文・二重円文・帯状文	三基に施文
	城迫間横穴群	玉名市溝上	横穴		線刻・彩色（赤・白）	船・帯状文・三角文・斜線文	三基に施文、石屋形・羨道に施文
	塚坊主古墳	玉名郡菊水町江田	前方後円	横穴式石室	彩色（赤）	連続三角文	国史跡、石屋形に施文
	長力一号横穴	玉名郡菊水町瀬川	横穴		線刻・彩色（赤）	円文・三角文・連続三角文	飾壁に施文
	北原三号横穴	玉名郡菊水町瀬川	横穴		線刻	不明	
	江田穴観音古墳	玉名郡菊水町江田	円	横穴式石室	彩色（赤）	形状不明	国史跡
	小原浦田横穴群	山鹿市小原	横穴		浮彫・彩色（赤）	人物・馬	四基に施文
	小原大塚横穴群	山鹿市小原	横穴		線刻・浮彫・彩色（赤）	人物・船・靫・二重円文・屋根？ほか	一〇基に施文
	長岩横穴群	山鹿市志々岐	横穴		浮彫・浮彫彩色（赤）	人物・船・盾・靫・馬・連続三角文	一二基に施文
	岩原横穴群	鹿本郡鹿央町岩原	横穴		浮彫彩色（赤）・線刻彩色（赤）	靫・船・円文・連続三角文・格子目状文ほか	八基に施文
	桜ノ上横穴群	鹿本郡鹿央町岩原	横穴		線刻彩色（赤・白）・彩色（赤・白）	人物・船・盾・同心円文	五基に施文
	御霊塚古墳	鹿本郡鹿本町津袋	円	横穴式石室	彩色（赤・白）	鞆・靫・X字文	
	横山古墳	鹿本郡植木町有泉	前方後円	横穴式石室	彩色（赤・白・青）	円文・連続三角文・双脚輪状文	石屋形に施文
	石川山四号墳	鹿本郡植木町石川	円	横穴式石室	線刻	不明	
	山口八号横穴	鹿本郡植木町岩野	横穴		彩色（赤・白・青）	円文・連続三角文	
	臼塚古墳	山鹿市石	円	横穴式石室	彩色（赤・白）・線刻彩色（赤・白・青）・線刻	人物・円文・三角文・連続三角文	石屋形と後室に施文
	鍋田横穴群	山鹿市鍋田	横穴		浮彫・線刻・浮彫彩色（赤）	靫・盾・鞆・馬・円文・連続三角文・斜格子文	国史跡、矢をつがえた弓など、一六基に施文
	チブサン古墳	山鹿市城	前方後円	横穴式石室	彩色（赤・白・青）・線刻彩色（赤）	人物・円文・三角文・連続菱形文・X字文	国史跡、石屋形内壁に施文
	オブサン古墳	山鹿市城	円	横穴式石室	線刻・彩色？	連続三角文・斜格子目文？	国史跡

熊本県						
付城横穴群	山鹿市城	横穴		線刻彩色（赤・白）	馬？盾？連続三角文・同心円文	三基に施文
城横穴群	山鹿市城	横穴		浮彫彩色（赤）	人物・盾・弓・靫	二基に施文
馬塚古墳	山鹿市城	円	横穴式石室	彩色（赤・白・青）・線刻	連続三角文	
弁慶ヶ穴古墳	山鹿市熊入町	円	横穴式石室	彩色（赤・白・青）・浮彫	人物・船・馬・鳥・靫・三角文・同心円文・菱形文	国史跡、人物は浮彫
石立石棺	菊池郡西合志町合生	円？	家形石棺	線刻	連続三角文	石棺蓋に施文
袈裟尾高塚古墳	菊池市袈裟尾	円	横穴式石室	線刻・彩色？（赤・白）	靫・連続三角文	石屋形に施文
上御倉古墳	阿蘇郡一の宮町手野	円	横穴式石室	彩色（白）	人物・山？	扉石に施文
釜尾古墳	熊本市釜尾町同免	円	横穴式石室	彩色（赤・白・青）	同心円文・三角文・連続三角文・双脚輪状文	国史跡
富ノ尾古墳	熊本市池田	円	横穴式石室	彩色（赤）	円文・三角文	壁画消滅
稲荷山古墳	熊本市清水町打越	円	横穴式石室	彩色（赤・青・白）	円文・同心円文・連続三角文ほか	石屋形・後室などに施文
千金甲一号墳	熊本市小島下町勝負谷	円	横穴式石室	浮彫彩色（赤・青・黄）	靫・同心円文・対角線文	国史跡、石障に施文
千金甲三号墳	熊本市小島下町高城山	円	横穴式石室	線刻彩色（赤・緑）	大刀・靫・弓・船・同心円文	国史跡、石屋形に施文
井寺古墳	上益城郡嘉島町井寺	円	横穴式石室	線刻彩色（赤・白・青・緑）	円文・直弧文・車輪文・梯子文・鍵手文	国史跡、石障などに施文
今城大塚古墳	上益城郡御船町滝川	前方後円	横穴式石室	彩色（赤）	靫？盾？同心円文・三角文	
坂本古墳	下益城郡城南町坂野	円	横穴式石室	浮彫	同心円文・円文	消滅
甚九郎山古墳	下益城郡城南町沈目	前方後円	横穴式石室	彩色（赤・青・白）	円文	
石ノ室古墳	下益城郡城南町塚原	円	横口式家形石棺	線刻	斜格子文	現在埋没
御領横穴	下益城郡城南町東阿高	横穴		線刻	円文	
牛頸二号横穴	下益城郡城南町東阿高	横穴		線刻	靫？	
中郡古墳	下益城郡中央町中郡	？	家形石棺	線刻彩色（赤・黄）	円文・同心円文	石棺内壁に施文

熊本県	宇賀岳古墳	下益城郡松橋町松橋	円？	横穴式石室	線刻彩色（赤）	円文・連続三角文・菱形文・梯子形文	
	潤野古墳	宇土市立岡町潤野	円？	家形石棺	線刻	円文・連続三角文	石棺内面に施文
	晩免古墳	宇土市立岡町晩免	円	家形石棺	線刻	円文・菊花文	陵墓参考地、石棺内面に施文
	宇土古城古墳	宇土市神馬町宇土城三の丸跡	円？	？	線刻	鳥・船・木の葉文	石材のみ遺存
	梅崎古墳	宇土市笹原町梅崎	？	横穴式石室	線刻	船	
	仮又古墳	宇土市恵塚町仮又	円？	横穴式石室	線刻	船・木の葉文	
	鴨籠古墳	宇土郡不知火町長崎	円	竪穴式石室	線刻彩色（赤・青）	同心円文・直弧文・帯状文・梯子形文	石棺蓋に施文
	塚原一号墳	宇土郡不知火町高良	円	横穴式石室	線刻	船・旗旌？木の葉文	
	国越古墳	宇土郡不知火町長崎	前方後円	横穴式石室	線刻彩色（赤・青・白・緑）	直弧文・連続三角文・梯子形文・方形文・鍵手文	家形石棺に施文
	桂原一号墳	宇土郡不知火町長崎	円	横穴式石室	線刻彩色（白・黒）	船・同心円文	
	桂原二号墳	宇土郡不知火町長崎	？	横穴式石室	線刻	船・波	
	小田良古墳	宇土郡三角町中村	円？	横穴式石室	浮彫	盾・靫・同心円文	国史跡、石障に施文
	長砂連古墳	天草郡大矢野町長砂連	円？	横穴式石室	彩色（赤）	直弧文・円文・梯子形文	崩壊、石障のみ遺存
	広浦古墳	天草郡大矢野町千束	？	箱式石棺	浮彫	大刀・刀子・円文・半円文など	石棺内面に施文
	大戸鼻北古墳	天草郡松島町阿村	円	横穴式石室	線刻	円文	石障に施文
	大戸鼻南古墳	天草郡松島町阿村	円？	箱式石棺	線刻・彩色（赤）	同心円文	石棺内壁に施文
	竜北高塚古墳	八代郡竜北町高塚	円？	家形石棺	浮彫・陰刻	円文・同心円文・直弧文	石棺内壁に施文
	門前二号墳	八代市岡町谷川	円？	？	浮彫	同心円文	崩壊、箱式石棺のみ遺存
	大鼠蔵尾張宮古墳	八代市鼠蔵町大鼠蔵	円	横穴式石室	線刻・彩色（赤）	円文	石障に施文
	大鼠蔵東麓一号墳	八代市鼠蔵町大鼠蔵	？	箱式石棺	線刻	大刀・短甲・靫・弓・同心円文	石棺内面に施文
	五反田古墳	八代市敷川内町五反田	？	横穴式石室	線刻	円文	崩壊、石障？に施文
	長迫古墳	八代市日奈久大坪町	円？	箱式石棺	線刻	同心円文	石棺内面に施文
	田川内一号墳	八代市日奈久新田町	円	横穴式石室	線刻	二重円文・円文	石障に施文
	田川内二号墳	八代市日奈久新田町	？	箱式石棺	線刻	同心円文・三角文	石棺に施文？

熊本県	田川内三号墳	八代市日奈久新田町	？	？	線刻	円文・二重円文	消滅
	大村横穴群	人吉市城本町城本・島田	横穴		浮彫彩色（赤）・線刻	靫・鞆・盾・大刀・弓・馬・馬鐸？同心円文・車輪文・三角文	国史跡、七基に施文
	京が峰一号横穴	球磨郡錦町西	横穴		線刻彩色（赤）・浮彫	人物・盾・剣・靫・車輪状文	
宮崎県	蓮ケ池五三号横穴	宮崎市蓮ケ池	横穴		線刻	人物・船・鳥・鬼面・格子文	
	祝田南一号横穴	宮崎市芳士	横穴		線刻	鳥	
	祝田三三号横穴	宮崎市芳士	横穴		線刻	人物	
	土器田東一号横穴	宮崎郡佐土原町下那珂	横穴		線刻	馬？鳥？魚？連続三角文	
	六野原地下式横穴群	東諸県郡国富町三名	地下式横穴		線刻	屋根・棟木	二基に施文
	旭台地下式横穴群	西諸県郡高原町広原	地下式横穴		線刻彩色（赤）・浮彫彩色（赤）	平行線文・束柱・棟木	五基に施文
	立切地下式横穴群	西諸県郡高原町後川	地下式横穴		浮彫・彩色（赤）	束柱・棟木	一〇基に施文
	島内三号地下式横穴	えびの市島内	地下式横穴		浮彫・線刻	棟木・屋根	
島根県	丹花庵古墳	松江市古曽志町	方	長持形石棺	彫刻	連続三角文	国史跡
	十王免横穴群	松江市山代町十王免	横穴		線刻	人物・船・弓・矢・木の葉文・三角文	三基に施文（二基は消滅）弓を射る人
	深田谷一号横穴	出雲市芦渡町	横穴		線刻	人物群・家屋	
	穴神一号横穴	安来市吉佐町	横穴	横口式石棺	彩色（赤）	不明	
鳥取県	宮下一九号墳	岩美郡国府町宮下	円	横穴式石室	線刻	木の葉文・格子文	
	宮下二二号墳	岩美郡国府町宮下	円	横穴式石室	線刻	船	
	鷺山古墳	岩美郡国府町町屋	円	横穴式石室	線刻	船・魚・鳥・刀子・平行線文	
	畑山一号墳	岩美郡国府町神垣	円	横穴式石室	線刻	人物・鹿？格子文	
	梶山古墳	岩美郡国府町岡益	円	横穴式石室	彩色（赤・黄？）	魚・三角文・同心円文・曲線文	国史跡、中・四国で初めて発見された彩色壁画古墳

鳥取県	坊ケ塚古墳	鳥取市広岡	円	横穴式石室	線刻	人物・弓・幾何学文	弓を引く人物
	広岡四八号墳	鳥取市広岡	円	横穴式石室	線刻	格子文・斜格子文	墳丘裾部列石
	越路五四号墳	鳥取市越路	?	横穴式石室	線刻	馬・三角文・綾杉文・平行線文	
	空山二号墳	鳥取市香取	円	横穴式石室	線刻	弓?木の葉文	
	空山一〇号墳	鳥取市広岡	円	横穴式石室	線刻	人物・鳥・綾杉文・木の葉文・平行線文	大刀をもつ武人
	空山一五号墳	鳥取市久末	円	横穴式石室	線刻	船・魚・星形・綾杉文・木の葉文	
	空山一六号墳	鳥取市久末	円	横穴式石室	線刻	船・鳥・平行線文・格子文・斜格子文	
	米岡二号墳	八頭郡郡家町米岡	円	横穴式石室	線刻	人物・格子文・綾杉文	
	福本四号墳	八頭郡郡家町土師	円	横穴式石室	線刻	魚・鳥・弓・綾杉文・平行線文	
	山宮一四号墳	気高郡気高町山宮	円	横穴式石室	線刻	幾何学文	
	殿一五号墳	気高郡気高町殿	円	横穴式石室	線刻	格子文	
	阿古山二二号墳	気高郡青谷町青谷	?	横穴式石室	線刻	船・星形	
	三明寺古墳	倉吉市巌城	円	横穴式石室	線刻	木の葉文	石屋形?と羨道に施文
	福庭古墳	倉吉市福庭	円	横穴式石室	彩色（赤）	三角文・平行線文	
	上神四八号墳	倉吉市上神	前方後円	横穴式石室	線刻	鳥・綾杉文	
	久見一七号墳	東伯郡東郷町田畑	?	横穴式石室	線刻	綾杉文・木の葉文・格子文	
	向山五号墳	西伯郡淀江町福岡	前方後円	横穴式石室	線刻	不明	国史跡、通称長者ケ平古墳
山口県	穴観音古墳	阿武郡むつみ村高佐下	方	横穴式石室	線刻	人物・弓?	
岡山県	千足古墳	岡山市高松町新庄	前方後円	横穴式石室	彫刻	直弧文・鍵手文	国史跡、石障に施文
	鶴山丸山古墳	備前市鶴山丸山	円	竪穴式石室	浮彫	家屋・円文	石棺蓋に施文
香川県	宮が尾古墳	善通寺市善通寺町宮が尾	円	横穴式石室	線刻	船・馬・人物・家屋・平行線文	武人・騎馬人物
	宮が尾二号墳	善通寺市善通寺町宮が尾	円	横穴式石室	線刻	平行線文	
	瓦谷一号墳	善通寺市瓦谷	円	横穴式石室	線刻	人物	

香川県	岡五号墳	善通寺市大麻町岡	円	横穴式石室	線刻	家屋・平行線文	
香川県	岡六号墳	善通寺市大麻町岡	円	横穴式石室	線刻	家	
香川県	岡一〇号墳	善通寺市大麻町岡	円	横穴式石室	線刻	家屋・木の葉文・平行線文	
香川県	岡一一号墳	善通寺市大麻町岡	円	横穴式石室	線刻	家屋・木の葉文・平行線文・格子文	
香川県	岡一三号墳	善通寺市大麻町岡	円	横穴式石室	線刻	家屋・平行線文	
香川県	夫婦岩一号墳	善通寺市大麻町岡	円	横穴式石室	線刻	人物・家屋・平行線文・格子文	
香川県	鷺ノ口一号墳	坂出市加茂町鷺ノ口	円	横穴式石室	線刻	船・家屋・木の葉文	通称木の葉塚
香川県	綾織塚古墳	坂出市加茂町山ノ神	円	横穴式石室	線刻	木の葉文	
香川県	山ノ神二号墳	坂出市加茂町山ノ神	円	横穴式石室	線刻	家屋・木の葉	
香川県	揚原山古墳	坂出市高屋町原山	円	横穴式石室	線刻	船・木の葉文・樹木	
香川県	興昌寺山一号墳	観音寺市八幡町	円	横穴式石室	線刻	船・木の葉文	
兵庫県	高塚山二号墳	神戸市垂水区多聞町	方	横穴式石室	線刻	馬?・家?	
兵庫県	高塚山九号墳	神戸市垂水区多聞町	円	横穴式石室	線刻	魚?	
大阪府	安福寺境内石棺	柏原市玉手	前方後円?		線刻	直弧文	
大阪府	玉手山安福寺北群一〇号横穴	柏原市玉手	横穴		線刻	人物	騎馬人物
大阪府	高井田横穴群	柏原市高井田	横穴		線刻	人物・魚・弓・矢・船・鳥・盾?・太陽?・家屋・渦文・格子状文・蓮華文	国史跡、二七基に施文
奈良県	高松塚古墳	高市郡明日香村平田	円	横口式石槨	彩色（赤・白・緑ほか）	四神・男女群像・星宿	国特別史跡
奈良県	キトラ古墳	高市郡明日香村阿武山	円	横口式石槨	彩色（赤・黄・黒・金）	四神・星宿・獣頭人身	国特別史跡
奈良県	水泥古墳	御所市古瀬	円	横穴式石室	浮彫	蓮華文	国史跡
福井県	小山谷古墳	福井市小山谷町	?	舟形石棺	浮彫	円文	石棺蓋に施文
福井県	西谷尾越古墳	福井市足羽山	?	舟形石棺	浮彫	同心円文・菱形文	石棺蓋に施文
福井県	足羽山古墳	福井市足羽山	円	竪穴式石室?	浮彫	変形直弧文	石棺身表面に施文

静岡県	宇刈横穴群	袋井市宇刈	横穴		線刻	木の葉文	
静岡県	観音堂横穴群	周智郡森町飯田	横穴		線刻	鳥・人物・盾？	二基に施文
神奈川県	洗馬谷横穴群	鎌倉市打越	横穴		線刻	人物・武器・三角文	四基に施文
神奈川県	坂本横穴群	横須賀市坂本町	横穴		線刻	馬？	二基のうち西側の横穴に施文
神奈川県	庄が久保八号横穴	中郡大磯町国府本郷	横穴		線刻	人物	
神奈川県	馬絹古墳	川崎市高津区馬絹	円	横穴式石室	漆喰	環状文ほか	
神奈川県	早野横穴群	川崎市多摩区早野	横穴		線刻	人物・馬	
神奈川県	熊ケ谷横穴群	横浜市緑区奈良町	横穴		線刻	人物・船・鳥・同心円文・斜格子文ほか	三基に施文
神奈川県	市ケ尾横穴群	横浜市緑区市ケ尾	横穴		彩色（赤）	楕円文・珠文？	四基に施文
埼玉県	地蔵塚古墳	行田市若小玉	方	横穴式石室	線刻	人物・馬・家・船・水鳥	
千葉県	押日三号横穴	茂原市押日	横穴		線刻	人面？ほか	
千葉県	鴇谷東部一一号横穴	長生郡長柄町鴇谷	横穴		線刻	人物・馬・鳥	
千葉県	源六谷横穴群	長生郡長柄町源六谷	横穴		線刻	人物・鳥・船・建物・弓	国史跡、五基に施文
千葉県	千代丸・力丸横穴群	長生郡長柄町力丸	横穴		彫刻・線刻	人物・家屋・弓・刀・翳・鹿・船・鳥・柱ほか	一四基に施文
千葉県	大満横穴群	富津市岩坂	横穴		線刻・彩色（赤）	船・人物？馬？五輪塔？	三基に施文
千葉県	鹿島八号横穴	富津市大貫町鹿島	横穴		線刻	馬・船	
千葉県	外部田横穴群	市原市外部田	横穴		線刻	人物・魚・鳥	二基に施文
千葉県	浅間台三号横穴	市原市上原	横穴		線刻	人物	
茨城県	吉田古墳	水戸市元吉田町	方	横穴式石室	線刻	靫・盾・鉾・大刀・刀子ほか	国史跡
茨城県	権現山横穴群	水戸市下国井町	横穴		線刻	冑？	二基に施文
茨城県	幡横穴群	常陸太田市幡町	横穴		線刻	人物・鳥・船・家・宝珠？龍？ほか	二基に施文
茨城県	殿塚古墳	ひたちなか市大成町	円	横穴式石室	線刻	靫・格子目文	
茨城県	虎塚古墳	ひたちなか市中根	前方後円	横穴式石室	彩色（赤）	靫・鞆・矛・刀・飾玉・船・連続三角文・同心円文ほか	国史跡

県	古墳名	所在地	墳形	内部構造	技法	文様	備考
茨城県	白河内古墳	那珂郡那珂町門部	円	横穴式石室	線刻	鳥・樹木	
	船玉古墳	真壁郡関城町船玉	方	横穴式石室	彩色（赤・白・黒）	靫・鞆・鏃・家・船・円文	
	太子唐櫃古墳	新治郡霞ケ浦町安食	前方後円?	横穴式石室	彩色（赤）	円文・珠文	
	花園三号墳	西茨城郡岩瀬町友部	方	横穴式石室	彩色（赤・黒・白）	靫・槍・大刀・船・円文・珠文・X字文ほか	
	かんぶり穴横穴群	日立市川尻町十王前	横穴		線刻彩色（赤・黒・白）	盾?連続三角文・格子状文	三基に施文
	猫淵九号横穴	久慈郡金砂郷村高柿	横穴		線刻	人物	
福島県	泉崎四号横穴	西河内郡泉崎村泉崎	横穴		彩色（赤・白）	人物・騎馬像・渦文・珠文・三角文	国史跡
	清戸迫横穴群	双葉郡双葉町新山	横穴		彩色（赤）・線刻	人物・矢・馬・鹿・犬・朱文・渦巻文	国史跡
	浪岩横穴群	相馬郡小高町浪岩	横穴		彩色（赤・白）・線刻	人物・珠文ほか	三基に施文
	羽山一号横穴	原町市中太田	横穴		彩色（赤・白）	人物・盾?馬・鹿・珠文・渦巻文	国史跡
	中田一号横穴	いわき市平沼内	横穴		彩色（赤・白）	連続三角文・三角文	国史跡
宮城県	山畑横穴群	志田郡三本木町蟻が袋	横穴		彩色（赤）	家屋?珠文・同心円文・格子状文	国史跡、三基に施文
	高岩横穴群	志田郡鹿島台町	横穴		彩色（赤・白）・線刻	船・動物・珠文	二基に施文
	矢本二八号横穴	桃生郡矢本町矢本	横穴		線刻	同心円文	
	川北横穴群	玉造郡岩出山町下野目	横穴		彩色（赤）	家屋?	
	愛宕山C地区一号横穴	仙台市太白区向山	横穴		彩色（赤）	円文・十字文・朱線	

※本表の作製に際しては森貞次郎『九州の古代文化』（六興出版、一九八三年）、「装飾古墳・壁画古墳一覧表」（『装飾古墳の世界』国立歴史民俗博物館、一九九三年）、『中国・四国地方の装飾古墳』（熊本県立装飾古墳館、一九九九年）、『装飾古墳の壁画―原始美術の神秘をさぐる』（佐賀県立博物館、一九七三年）などを参考にした。また多くの関係機関の方々のご教示をえた。

高句麗主要壁画古墳一覧

全浩天編

古墳名	所在地	墓室構造	壁画の種類	年代
高山里一号墳	平壌市大城区域	単室墓	人物風俗・四神図	五世紀末初
高山里七号墳	〃 〃	多室墓	人物風俗図	四世紀末
高山洞一〇号墳	〃 〃	多室墓	人物風俗図	四世紀末
高山洞二〇号墳	〃 〃	単室墓？	人物風俗図	三世紀
嵋山洞壁画古墳	〃 〃	単室墓	人物風俗・四神図	五世紀
平壌駅前壁画古墳	〃 中区域	二室墓	人物風俗図	四世紀初
長山洞二号墳	〃 西城区域	単室墓	人物風俗図	四世紀
鎧馬塚	〃 三石区域	単室墓	人物風俗・四神図	六世紀
内里一号墳	〃 〃	単室墓	四神図	七世紀
湖南里四神塚	〃 〃	単室墓	四神図	六世紀初
真坡里一号墳	〃 力浦区域	単室墓	四神図	六世紀
真坡里四号墳	〃 〃	単室墓	人物風俗・四神図	六世紀
東明王陵	〃 〃	単室墓	装飾文	五世紀前半
江西中墓	南浦市江西区域	単室墓	四神図	六世紀末
江西大墓	〃 〃	単室墓	四神図	七世紀初
薬水里壁画古墳	〃 〃	二室墓	人物風俗・四神図	五世紀初
蓮花塚	〃 〃	二室墓	人物風俗図	五世紀
台城里一号墳	〃 〃	二室墓	人物風俗図	四世紀
徳興里壁画古墳	〃 〃	二室墓	人物風俗図	四〇八年
水山里壁画古墳	〃 〃	単室墓	人物風俗図	五世紀末
大安里一号墳	〃 大安区域	二室墓	人物風俗・四神図	五世紀
双楹塚	〃 龍岡郡	二室墓	人物風俗・四神図	五世紀後半
龍岡大塚	〃 龍岡郡	単室墓	人物風俗・四神図	五世紀
牛山里二号墳	〃 港口区域	単室墓	人物風俗・四神図？	三世紀中頃
牛山里三号墳	〃 港口区域	単室墓	人物風俗・四神図？	三世紀後半
狩猟塚	〃 臥牛島区域	単室墓	人物風俗・四神図	五世紀
星塚	〃 〃	単室墓	人物風俗・四神図	五世紀

古墳名	所在地	墓室構造	壁画の種類	年代
龕神塚	南浦市臥牛島区域	二室墓	人物風俗図	四世紀前半
天王地神塚	平安南道順川市	二室墓	人物風俗図	五世紀
遼東城塚	〃 〃	多室墓	人物風俗・四神図	四世紀後半
東岩洞壁画古墳	〃 〃	二室墓	人物風俗図	四世紀
八清里壁画古墳	〃 大同郡	二室墓	人物風俗・四神図	五世紀
徳花里一号墳	〃 〃	単室墓	人物風俗・四神図	六世紀
徳花里二号墳	〃 〃	単室墓	人物風俗・四神図	六世紀
安岳一号墳	黄海南道安岳郡	単室墓	人物風俗図	四世紀末
安岳二号墳	〃 〃	単室墓	人物風俗図	五世紀末
安岳三号墳	〃 〃	多室墓	人物風俗図	四世紀中頃
伏獅里壁画古墳	〃 〃	単室墓	人物風俗図	四世紀前半
漢月里壁画古墳	〃 〃	単室墓	人物風俗図	五世紀初
角抵塚	中国吉林省集安	二室墓	人物風俗図	四世紀末
舞踊塚	〃 〃	二室墓	人物風俗・四神図	五世紀初
通溝一二号墳	〃 〃	二室墓	人物風俗図	四世紀末
散蓮花古墳	〃 〃	単室墓	装飾文図	四世紀末
三室塚	〃 〃	多室墓	人物風俗・四神図	五世紀
通溝四神塚	〃 〃	単室墓	四神図	六世紀
万宝汀壁画古墳	〃 〃	単室墓	人物風俗図	三世紀中頃
亀甲文塚	〃 〃	単室墓	装飾文図	四世紀末
美人塚	〃 〃	単室墓	人物風俗図	四世紀末
五匳墳四号墳	〃 〃	単室墓	四神図	六世紀後半
麻線溝一号墳	〃 〃	単室墓	人物風俗図	四世紀末
環文塚	〃 〃	単室墓	装飾文図	五世紀
牟頭婁塚	〃 〃	二室墓	墓誌	五世紀前半
長川一号墳	〃 〃	二室墓	人物風俗・四神図	五世紀中頃
長川二号墳	〃 〃	単室墓	装飾文図	五世紀

装飾古墳関連文献抄

編集部編

単行本

斎藤　忠『装飾古墳の研究』吉川弘文館、一九五二年
小林行雄編『装飾古墳』平凡社、一九六四年
斎藤　忠『古墳壁画』（日本原始美術五）、講談社、一九六五年
日下八光『装飾古墳』朝日新聞社、一九六七年
森貞次郎『竹原古墳』中央公論美術出版、一九六八年
水野　祐『高句麗壁画古墳と帰化人』雄山閣出版、一九七二年
森貞次郎『装飾古墳』朝日新聞社、一九七二年
末永雅雄・井上光貞編『朝日シンポジウム・高松塚壁画古墳』朝日新聞社、一九七二年
上田正昭・江上波夫・久野　健・森　浩一・金達寿『壁画古墳の謎』講談社、一九七二年
末永雅雄編『シンポジウム　高松塚壁画古墳』創元社、一九七二年
末永雅雄編『飛鳥高松塚古墳』学生社、一九七二年
朱栄憲著・永島暉臣慎訳『高句麗の壁画古墳』学生社、一九七二年
末永雅雄・井上光貞編『高松塚古墳と飛鳥』中央公論社、一九七三年
斎藤　忠『日本装飾古墳の研究』講談社、一九七三年
乙益重隆編『装飾古墳と文様』（古代史発掘八）講談社、一九七四年
網干善教・有坂隆道・奥村郁三・高橋三知雄『高松塚論批判』創元社、一九七四年
斎藤　忠『古墳の絵画』（日本の美術一一〇）至文堂、一九七五年
坪井清足・町田　章編『壁画・石造物』（日本原始美術大系六）講談社、一九七七年
水尾比呂志『装飾古墳』（日本の美術四五）小学館、一九七七年
日下八光『装飾古墳の秘密』講談社、一九七八年
玉利　勲『装飾古墳』（平凡社カラー新書）平凡社、一九七八年
藤井　功・石山　勲『装飾古墳』（日本の原始美術一〇）講談社、一九七九年
金基雄『朝鮮半島の壁画古墳』六興出版、一九八〇年
斎藤　忠『装飾古墳―図文からみた日本と大陸文化』日本書籍、一九八三年
森貞次郎『九州の古代文化』六興出版、一九八三年
猪熊兼勝・渡辺明義編『高松塚古墳』（日本の美術二一七）至文堂、一九八四年
朝鮮画報社編『高句麗古墳壁画』朝鮮画報社、一九八五年
森貞次郎『装飾古墳』（歴史新書四一）教育社、一九八五年
朝鮮民主主義人民共和国社会科学院・朝鮮画報社編『徳興里高句麗壁画古墳』講談社、一九八六年
玉利　勲『装飾古墳の謎』大和書房、一九八七年
町田　章『東アジアの装飾墓』同朋舎出版、一九八七年
斎藤　忠『壁画古墳の系譜』学生社、一九八九年
杉山信三・小笠原好彦編『高句麗の都城遺跡と古墳』同朋舎出版、一九九二年
森岡秀人・網干善教『高松塚古墳』読売新聞社、一九九五年
国立歴史民俗博物館編『装飾古墳が語るもの』吉川弘文館、一九九五年
斎藤　忠『古墳文化と壁画』（『斎藤忠著作選集』第三巻）雄山閣出

版、一九九七年
日下八光『東国の装飾古墳』雄山閣出版、一九九八年
網干善教『高松塚古墳の研究』同朋舎出版、一九九五年
全浩天『キトラ古墳とその時代』未来社、二〇〇一年
全浩天『古代壁画が語る日朝交流』草の根出版会、二〇〇二年
網干善教『終末期古墳の研究』同朋舎出版、二〇〇三年
網干善教『古都・飛鳥の発掘』学生社、二〇〇三年

報告書

梅原末治・小林行雄『筑前国嘉穂郡王塚装飾古墳』（京都帝国大学文学部考古学研究報告第一五冊）京都帝国大学文学部、一九四〇年
いわき市史編さん委員会『中田装飾横穴』（『いわき市史』別巻）いわき市、一九七一年
高松塚古墳総合学術調査会編『高松塚古墳壁画調査報告書』一九七三年
宮城県教育委員会『山畑装飾横穴古墳群発掘調査概報』一九七三年
渡辺一雄編『羽山装飾横穴発掘調査概報』原町市教育委員会、一九七四年
茨城県『茨城県史料―考古資料編（古墳時代）』一九七四年
熊本県教育委員会『熊本県の装飾古墳白書』一九七四年
装飾古墳を守る会『装飾古墳白書―福岡県下における保存の現状』一九七四年
装飾古墳保存対策研究会『特別史跡王塚古墳の保存―装飾古墳保存対策研究報告書』福岡県教育委員会、一九七五年
桂川町教育委員会『特別史跡王塚古墳保存の歴史と計画―保存管理計画策定報告書』一九七六年
大塚初重・小林三郎編『虎塚壁画古墳』（『勝田市史』別編Ⅰ）勝田市史編さん委員会、一九七八年
和光大学古墳壁画研究会編『高井田横穴群線刻画』和光大学古墳壁画研究会、一九七八年
装飾古墳を守る会『装飾古墳白書―熊本県下における保存の現状』一九七八年
鳥取県教育委員会『鳥取県装飾古墳分布調査概報』一九八一年
矢吹町教育委員会『七軒横穴群調査報告』一九八三年
熊本県教育委員会『熊本県装飾古墳総合調査報告書』一九八四年
勝田市教育委員会編『史跡虎塚古墳』（史跡虎塚古墳保存整備報告書）一九八五年
文化庁『国宝　高松塚古墳壁画―保存と修理』一九八七年
桂川町教育委員会『王塚古墳―発掘調査及び保存整備報告』一九九四年
大分県教育委員会『大分の装飾古墳』一九九五年
熊本県立装飾古墳館編『宮崎県の装飾古墳』（シリーズ一）熊本県立装飾古墳館、一九九五年
熊本県立装飾古墳館編『大分県の装飾古墳』（シリーズ二）熊本県立装飾古墳館、一九九六年
熊本県立装飾古墳館編『福岡県の装飾古墳』（シリーズ三）熊本県立装飾古墳館、一九九七年
熊本県立装飾古墳館編『佐賀・長崎県の装飾古墳』（シリーズ四）熊本県立装飾古墳館、一九九八年
熊本県立装飾古墳館編『中国・四国地方の装飾古墳』（シリーズ五）熊本県立装飾古墳館、一九九九年

キトラ古墳学術調査団編『キトラ古墳学術調査報告書』明日香村教育委員会、一九九九年

熊本県立装飾古墳館編『近畿地方の装飾古墳』（シリーズ六）熊本県立装飾古墳館、二〇〇〇年

奈良文化財研究所飛鳥藤原宮跡発掘調査部編『キトラ古墳壁画』奈良文化財研究所飛鳥資料館、二〇〇二年

論　文

斎藤　忠「装飾古墳の諸問題」『古代学研究』第四五号、一九六六年

小田富士雄「九州における装飾古墳研究の動向」同

金関丈夫『竹原古墳奥室の壁画』『ＭＵＳＥＵＭ』第二一五号、一九六九年

駒井和愛「日本古墳の壁画」『月刊文化財』第六五号、一九六九年

森貞次郎「装飾古墳の発生まで　装飾古墳の展開」『古代の日本』第三巻、角川書店、一九七〇年

「特集・装飾古墳」『季刊古美術』第三一号、一九七〇年

菅谷文則「横穴式石室の内部―天蓋と垂帳」『古代学研究』第五九号、一九七一年

松本雅明「古墳文化の成立と大陸」『古代アジアと九州』平凡社、一九七三年

大塚初重「虎塚壁画古墳の調査」『茨城県史研究』第二七号、一九七三年

網干善教「壁画古墳における四神図について」『原弘二郎先生古稀記念　東西文化史論叢』同記念会、一九七三年

網干善教「飛鳥高松塚古墳と薬師寺」『藤原弘道先生古稀記念　史学佛教学論集』同記念会、一九七三年

網干善教「壁画古墳における四神図と龍虎図」『井川定慶博士喜寿記念　日本文化と浄土教論攷』同記念会、一九七四年

斎藤　忠「装飾古墳・装飾横穴」『日本考古学の現状と課題』吉川弘文館、一九七四年

大場磐雄「古氏族の移動と装飾古墳」『どるめん』第四号、一九七四年

網干善教「高松塚古墳壁画論序説」『関西大学文学論集』第二五巻、関西大学文学部、一九七五年

網干善教「高松塚古墳壁画論をめぐって（その一）」『鷹陵史学』第二号、佛教大学歴史研究所、一九七六年

網干善教「高松塚古墳壁画論をめぐって（その二）」『鷹陵史学―森鹿三博士頌寿記念号』第三・四号、佛教大学歴史研究所、一九七七年

網干善教「唐式鏡の文様と高松塚古墳壁画」『藤井祐介君追悼記念考古学論叢』同記念会、一九八〇年

網干善教「古代における星辰図について」『橿原考古学研究所論集』第六、一九八四年

HATSUSHIGE OTSUKA Lecture on the Tumulus Torazuka ; Proceedings International Symposium on the Conservation and Restoration of Cultural Property. ―Conservation and Restoraion of Mural Paintings(1)―　東京国立文化財研究所、一九八四年

「特集・キトラ古墳」『明日香風』第一〇号、一九八四年

佐古和枝「線刻壁画研究とその課題」『同志社大学考古学シリーズ』Ⅱ、同志社大学考古学シリーズ刊行会、一九八五年

網干善教「高句麗壁画古墳における星辰図について」『関西大学考古学研究紀要』五、一九八七年

乙益重隆「装飾古墳系横穴の伝播」『斎藤忠先生頌寿記念論文集　考古学叢考』中巻、吉川弘文館、一九八八年
川崎純徳「古墳壁画図文の型式学的検討—特に東国古墳壁画図文の成立と変遷について」同
大塚初重「常陸における装飾古墳の性格—花園三号墳を中心として」『斎藤忠先生頌寿記念論文集　考古学叢考』下巻、一九八八年
佐田　茂「彩色壁画の出現と筑後の彩色壁画古墳」『交流の考古学』肥後考古学会、一九九一年
網干善教「高麗王陵の星辰図について」『関西大学考古学資料室紀要』第九、一九九二年
網干善教「高麗恭愍王陵の壁画」『阡陵』第三六号、関西大学博物館、一九九二年
佐古和枝「壁画古墳論」『古墳時代の研究』第一二巻、雄山閣出版、一九九二年
森貞次郎「自由画風線刻壁画人物像にみる六朝文化類型—装飾古墳雑考」『考古学雑誌』第七九巻第一号、一九九三年
泉森　皎「装飾古墳の壁画についての二、三の考察—寿命王塚古墳壁画の再検討」『橿原考古学研究所論集』第一一、吉川弘文館、一九九四年
和田　萃「古代史からみた装飾古墳」『日本古代の儀礼と祭祀・信仰』上、塙書房、一九九五年
網干善教「四神図の頸部装飾とその類型」『関西大学博物館紀要』四、一九九八年
佐原　真「古墳時代の絵の文法」『装飾古墳の諸問題』（国立歴史民俗博物館研究報告第八〇集）一九九九年
白石太一郎「装飾古墳にみる他界観」同
高木正文「肥後における装飾古墳の展開」同
福島雅儀「福島県の装飾横穴」同
和田　萃「四神図の系譜」同
東　潮「北朝・隋唐と高句麗壁画—四神図像と畏獣図像を中心として」同
西嶋定生「中国の古墳壁画と日本の装飾古墳」同
永島正春「装飾古墳の色彩と素材」同
玉利　勲・設楽博己「装飾古墳主要文献目録」同
網干善教「唐節愍太子墓の鳳凰文について」『阡陵』第四〇号、関西大学博物館、二〇〇〇年
網干善教「明日香キトラ古墳壁画の玄武図について」『阡陵』第四三号、関西大学博物館、二〇〇一年
髙木正文「菊池川流域の装飾古墳」『東アジアと江田船山古墳』雄山閣出版、二〇〇二年
網干善教「古墳壁画・墓誌等にみる朱雀・鳳凰の図像について」『関西大学博物館紀要』第八号、二〇〇二年
網干善教「十二支像の展開と獣頭人身像」『関西大学博物館紀要』第九号、二〇〇三年
網干善教「高松塚古墳壁画描写の計画性について」『新世紀の考古学—大塚初重先生喜寿記念論集』纂修堂、二〇〇三年
網干善教「キトラ・高松塚壁画の文化史的意義」『壁画古墳の流れ』大阪府立近つ飛鳥博物館、二〇〇三年
網干善教「徳興里古墳壁画の七宝行事について」『阡陵』第四七号、関西大学博物館、二〇〇三年

網干善教「頡頏を表現する図像について—キトラ古墳壁画の朱雀図に関連して」『橿原考古学研究所論集』第一四、二〇〇三年
泉森　皎「明日香・檜隈の地と終末期古墳—キトラ古墳と高松塚古墳の理解のために」『季刊考古学』第八二号、二〇〇三年

図　録

文化庁文化財保護部監修『装飾古墳壁画模写展』便利堂、一九六九年
日下八光監修『装飾古墳の壁画—原始美術の神秘をさぐる』佐賀県立博物館、一九七三年
小田富士雄ほか編『九州の装飾古墳　開館記念展図録』北九州市立考古博物館、一九八三年
高句麗文化展実行委員会編『高句麗文化展』高句麗文化展実行委員会、一九八五年
飯塚市歴史資料館編『北部九州の装飾古墳とはにわ展』飯塚市歴史資料館、一九八七年
水戸市立博物館編『特別展「装飾古墳」展示図録』水戸市立博物館、一九九〇年
熊本県立装飾古墳館編『開館記念展　装飾古墳—よみがえる古代・装飾古墳の世界』熊本県立装飾古墳館、一九九二年
国立歴史民俗博物館編『装飾古墳の世界　図録』朝日新聞社、一九九三年
北九州市立考古博物館『終末期古墳の世界—高松塚とその時代』一九九三年

執筆者紹介（執筆順）

網干　善教
関西大学名誉教授

西谷　　正
九州大学名誉教授

全　浩　天
在日本朝鮮歴史
考古学協会会長

大塚　初重
明治大学名誉教授

季刊考古学・別冊13
東アジアの装飾古墳を語る

発　行　二〇〇四年二月一〇日
編　者　大塚初重
発行者　宮田哲男
発行所　株式会社　雄山閣
〒102―0071東京都千代田区富士見二―六―九
電話〇三―三二六二―三二三一
振替〇〇一三〇―五―一六八五
印刷所　亜細亜印刷株式会社

ISBN 4-639-01835-5　C 0321
Printed in Japan

雄山閣出版案内

小社の表示価格はすべて税抜きです。

季刊 考古学 既刊号案内

年4回，1，4，7，10月発売

（2～20号各1,500円、21～26号各1,800円、27～35号1,806円、36～49号1,942円、40・44・51～57号2,136円、50号2,718円、58号以降2,200円,80号2,800円）

第85号　中世前期の都市と都市民　2，200円

「都市」とその領域、町びとの世界観＝馬淵和雄／都市構造と空間認識（平泉＝及川司／多賀国府＝千葉孝弥／鎌倉＝馬淵和雄／京都＝鋤柄俊夫／博多＝大庭康時／大宰府＝狭川真一／北と南の都市空間＝工藤清泰・安里進／津と市宿＝岡陽一郎）町びとの生活と精神世界（住まい＝野本賢二／食生活＝樋泉岳二／土師器系土器＝鈴木康之／まじないと遊び＝時枝務／トイレ＝清水久男）都市と職能民（職人と都市＝鋤柄俊夫／竪穴建物＝堂込秀人／古瀬戸陶器＝藤澤良祐／漆器の生産と流通＝上村和直）都市における生と死（神社と寺院＝笹生衛／石塔の造営と律宗・時宗＝桃崎祐輔／経塚と都市空間＝時枝務／葬地＝佐藤仁彦）

第84号　古墳出現前夜の西日本　2，200円

弥生終末期の西日本＝松浦宥一郎／九州(弥生終末期の様相＝宮田浩之／弥生終末期の土器と土師器＝常松幹雄／弥生終末期の墓制と古墳の出現＝蒲原宏行)四国(弥生終末期の様相＝田崎博之／弥生終末期の土器と土師器＝梅木謙一／弥生終末期の墓制と古墳の出現＝大久保徹也)山陽(弥生終末期の様相＝正岡睦夫／弥生終末期の土器と土師器＝平井典子／弥生終末期の墓制と古墳の出現＝松木武彦)山陰(弥生終末期の様相＝松本岩雄／弥生終末期の土器と土師器＝松山智弘／弥生終末期の墓制と古墳の出現＝会下和宏)近畿(弥生終末期の様相＝森井貞雄／弥生終末期の土器と土師器＝森岡秀人／弥生終末期の墓制と古墳の出現＝福島孝行)弥生から古墳へ(弥生終末期の高地性集落＝高橋徹／弥生時代祭祀同盟の成立＝鈴木敏弘／弥生青銅祭器の終焉と古墳の出現＝北島大輔／邪馬台国と古代国家(高島忠平)

第83号　縄文文化の起源を探る　2，200円

多岐亡羊の縄紋文化起源論＝岡本東三／縄文文化のはじまり(石器と土器の出会いの世界＝白石浩之／草創期「古文様帯」の分析視点＝鈴木正博／移行期の石器群の変遷＝大竹憲昭)環境と生活の変化(更新世末から夏島貝塚形成期の東京湾＝松島義章／遺跡の立地と集団の動き＝佐藤雅一／デポの視点＝田中英司)列島の土器出現期(九州島の様相＝杉原敏之／本州島西半部の様相＝光石鳴巳／本州島中部の様相＝池谷信之／本州島東部の様相＝中島宏／北海道島の様相＝長沼孝)周辺地域の土器出現期(韓半島＝田中聡一／中国南部＝大貫静夫／シベリア・沿海州＝小畑弘己)

第82号　終末期古墳とその時代　2，200円

終末期古墳の問題点＝河上邦彦／終末期古墳の様相(終末期古墳築造の思想的背景＝河上邦彦／明日香・檜隈の地と終末期古墳＝泉森　皎／終末期古墳と寺院＝前園実知雄)終末期古墳の特徴(墳丘の形＝直宮憲一／石室と棺＝堀田啓一／副葬品＝鈴木裕明)各地の終末期古墳(筑紫＝宇野愼敏／吉備＝新納　泉／出雲＝仁木　聡／播磨＝山本三郎／河内＝上林史郎／大和＝竹田政敬／上野＝右島和夫／下野＝秋元陽光／石城・石背＝柳沼賢治)

第81号　実験考古学の現在と未来　2，200円

実験考古学の方法と展望＝岡内三眞／石器と木製品、貝製品(打製石斧＝斎野裕彦／磨製石斧＝三山らさ・磯部保衛・山田昌久／木器・木材加工＝工藤雄一郎・磯部保衛・山田昌久／貝製品＝忍澤成視)土器と土製品(素焼き土器＝小林正史／須恵器と陶質土器＝宮川禎一／焼締陶器＝田中照久／埴輪＝若狭徹)金属器と織物、ガラス(青銅器＝藤瀬禎博／金銅製品＝鈴木勉／鉄製品＝古瀬清秀／織物＝菱田淳子／ガラス＝谷一尚)世界の現状(中国＝朱岩石／イギリス＝細谷葵)

第80号 いま、日本考古学は

第79号 埴輪が語る古墳の世界

第78号 出土銭貨研究の最前線

第77号 年代と産地の考古学

第76号 古代の武器・武具・馬具

第75号 基準資料としての貿易陶磁器

第74号 前期旧石器文化の諸問題

第73号 縄文時代研究の新動向

第72号 近・現代の考古学

第71号 「古墳群」を再検討する

1～10，12～21，23，26～30，32，35，38，39，42，43号は品切。

雄山閣出版案内

小社の表示価格はすべて税抜きです。

季刊 考古学 既刊号案内

（別冊1号2,000円，別冊2号1,942円，別冊3～6号2,427円，別冊７号2,300円，別冊8号，9号2,400円，別冊10号2,500円，別冊11号2,200円）

第70号 副葬を通してみた社会の変化	第69号 縄文時代の東西南北
第68号 後・終末期古墳の被葬者像	第67号 墳墓と弥生社会
第66号 日本と南海の考古学	第65号 前・中期古墳の被葬者像
第64号 解明すすむ縄文文化の実像	第63号 山の考古学
第62号 古代・中世の銅生産	第61号 日本・オリエント＝シルクロード
第60号 渡来系氏族の古墳と寺院	第59号 宗教を考古学する
第58号 天皇陵と日本史	第57号 いま、見えてきた中世の鉄
第56号 稲作の伝播と長江文明	第55号 縄文人の生業と集団組織
第54号 日中交流の考古学	第53号 江戸時代の発掘と文化
第52号 前期古墳とその時代	第51号 「倭人伝」を掘る
第50号 縄文時代の新展開	第49号 平安京跡発掘
第48号 縄文社会と土器	第47号 先史時代の木工文化
第46号 古代の道と考古学	第45号 横穴式石室の世界
第44号 縄文時代の家と集落	第41号 貝塚が語る縄文文化
第40号 古墳の形の謎を解く	第37号 稲作農耕と弥生文化
第36号 古代の豪族居館	第34号 古代仏教の考古学
第33号 古墳時代の日本と中国・朝鮮	第31号 環濠集落とクニのおこり
第25号 縄文・弥生の漁撈文化	第24号 土器からよむ古墳社会
第22号 古代の都城 飛鳥から平安京まで	第11号 動物の骨が語る世界

別冊12 ジャーナリストが語る考古学	別冊11 日本考古学を語る
別冊10 丹後の弥生王墓と巨大古墳	別冊９ 邪馬台国時代の国々
別冊８ 前方後円墳の出現	別冊７ 加茂岩倉遺跡と古代出雲
別冊６ 縄文時代における自然の社会化	別冊５ 古代都市文化と考古学
別冊４ 考古学から古典を読む	別冊３ 東国の古墳
別冊２ 見瀬丸山古墳と天皇陵	別冊１ 藤ノ木古墳が語るもの

＊品切の号で一部普及版として刊行したものがあります。後の頁をご覧下さい。

雄山閣出版案内

季刊考古学・別冊12

ジャーナリストが語る考古学

B５判　136頁
2,600円

金関　恕・池上曽根史跡公園協会編

高松塚発掘30周年にあたって実施されたシンポジウムの記録。近年ますます深まってきた考古学とジャーナリズムの関係を第一線の考古学担当記者が語る。さらに話題になった全国の遺跡をとり上げる。

■ 主 な 内 容 ■

ジャーナリストが語る考古学
　コーディネーター　金関恕
　　　ゲスト　天野幸弘　佐々木泰造
　　　　　　　坪井恒彦　渡部裕明
　　　　　　　上田恭彦　毛利和雄
　1　考古学報道をめぐって
　2　話題になった遺跡と報道
　3　考古学の発見と報道

三内丸山遺跡（岡田康博）／吉野ケ里遺跡（納富敏雄）／居徳遺跡群（曽我貴行）／池上曽根遺跡（乾　哲也）／荒神谷遺跡と加茂岩倉遺跡（松本岩雄）／青谷上寺地遺跡（湯村　功）／北谷遺跡（若狭　徹・田辺芳昭）／南郷遺跡群（青柳泰介）／酒船石遺跡（納谷守幸）／禾津頓宮跡（田井中洋介）／出雲大社境内遺跡（石原　聡）

季刊考古学・別冊11

日本考古学を語る
―捏造問題を乗り越えて―

B５判　102頁
2,200円

斎藤忠監修　小林達雄・石野博信・岩崎卓也・坂詰秀一編

2002年10月26日，日本出版会館において開催された第９回雄山閣考古学賞記念パネルディスカッション「日本考古学を語る」の全収録と，最近の考古学研究の活動の一部を口絵とともに紹介。

■ 主 な 内 容 ■

総論　日本考古学の五つの課題………斎藤　忠
旧石器・縄文時代　研究への謙虚な姿勢こそ
………小林達雄
弥生時代　弥生から古墳へ……………石野博信
古墳時代　注目する交換・交易のシステム
………岩崎卓也
歴史時代　海を渡り「国」を越える須恵器
………坂詰秀一
パネルディスカッション・日本考古学を語る
………小林達雄・石野博信
岩崎卓也・坂詰秀一（司会）
口絵解説
　東京都北区中里貝塚…………………植月　学
　赤坂今井墳丘墓………………………岡林峰夫
　茶すり山古墳…………………………岸本一宏
　平安京右京六条三坊七・八・九・十町
………………………堀内明博

雄山閣出版案内

季刊考古学・別冊10

丹後の弥生王墓と巨大古墳

Ｂ５判　121頁
2,500円

広瀬和雄 編（奈良女子大学教授）

日本海に面する丹後地方では、ここ数年の発掘調査で傑出した副葬品を伴う弥生王墓が発見され注目を集めている。さらに古墳時代に入っても網野銚子山、神明山など200mを越す巨大古墳が誕生する。水田をつくりうる広大な沖積平野がほとんどないこの地方にあって、どうしてこうした特色ある文化が栄えたのか。この特集は「王」を輩出させた経済性についての再考を迫るものである。

■ 主 な 内 容 ■

弥生王墓と巨大古墳の特質……………広瀬和雄
生産と流通
　水晶製玉作と階層性…………………河野一隆
　弥生時代の対外交易と流通…………野島　永
生活の諸相
　環濠集落の規模と構造………………加藤晴彦
　弥生大形墳墓出現前夜の土器様相
　……………………………………高野陽子
弥生墳墓の特質
　弥生王墓の誕生………………………肥後弘幸
　弥生墳墓の構造と変遷………………石崎善久
前方後円墳の時代
　丹後の巨大古墳………………………広瀬和雄
　埴輪の成立と変遷……………………佐藤晃一
　丹後の石棺……………………………和田晴吾
　横穴式石室の導入と展開……………細川康晴
内外の交流
　中国鏡流入のメカニズムと北近畿の
　　時代転換点…………………………福永伸哉
　製鉄技術の導入………………………大道和人

季刊考古学・別冊９

邪馬台国時代の国々

Ｂ５判　100頁
2,400円

西谷　正 編（九州大学教授）

最近列島各地で拠点集落が発掘されている。この拠点集落は規模が大きく、存続期間が長いことと大規模な墳墓群やしばしば環濠を伴うことが特徴である。今回のシンポジウムでは吉野ヶ里、妻木晩田をはじめとする多くの拠点集落をとりあげ、その内容、特色さらに倭国の乱とのかかわりについて熱っぽく語る。1999年６月に行なわれた第８回雄山閣考古学賞受賞記念シンポジウムの全記録。

■ 主 な 内 容 ■

列島各地の拠点集落………………西谷　正
佐賀県吉野ヶ里遺跡………………高島忠平
鳥取県妻木晩田遺跡………………佐古和枝
滋賀県伊勢・下之郷遺跡…………伴野幸一
神奈川県中里遺跡第Ｉ地点………戸田哲也
シンポジウム・邪馬台国時代の国々……高島忠平
　佐古和枝・伴野幸一・戸田哲也・西谷 正
各地の拠点集落
　熊本県うてな遺跡………………髙木正文
　岡山県上東遺跡…………………小林利晴
　愛媛県文京遺跡…………………田崎博之
　石川県八日市地方遺跡
　　……………………小松市教育委員会

雄山閣出版案内

普及版季刊考古学

土師器と須恵器

四六倍判　150頁
2,500円

中村浩・望月幹夫 編

土師器と須恵器は古墳時代以降も主たる容器の座を占めていた。本シリーズ第４冊目の本書は第24号（1988年8月）と第42号（1993年2月）を復刻・合本したものである。

■ 主 な 内 容 ■

土師器と須恵器の研究………中村浩・望月幹夫
第一部　土器からよむ古墳社会
　土師器と須恵器／古墳時代の土器の変遷（弥生土器から土師器へ／須恵器の登場／土師器の編年／須恵器の編年／古墳時代末期の土器）／土器の生産と流通（古墳と土器／集落と土器／渡来人の移住と模倣土器／古墳の成立と土器の移動／須恵器の窯跡群／古墳時代主要須恵器窯跡地名表／土師器研究の標識遺跡／参考文献）
第二部　須恵器の編年とその時代
　須恵器の編年／須恵器の系譜と編年（陶質土器と初期須恵器の系譜／須恵器のひろがりと編年／須恵器の終末とその行方／南島の類須恵器）／須恵器の時代と様相（律令制と須恵器／須恵器の古器名／様々なかたち—特殊な器形の須恵器）／生産地の様相と編年（多摩・比企／猿投・美濃須衛／湖西／陶邑／東播磨／牛頸）／消費地の様相と編年（古墳と須恵器／平城京と須恵器／平安京と須恵器）／自然科学と須恵器（産地推定の手法／年代推定の手法）

普及版季刊考古学

中世考古学への招待

四六倍判　154頁
2,500円

坂詰秀一 編

中世史はいまやあらゆる考古資料を対象に考えていかなければならない。本シリーズ第３冊目の本書は第26号（1989年２月）と第39号（1992年５月）を復刻・合本したものである。

■ 主 な 内 容 ■

中世考古学への招待……………………坂詰秀一
第一部　戦国考古学のイメージ
　戦国考古学の構想／戦国考古学の視点（戦国史研究における考古学の役割／戦国時代城下町の諸相／戦国期城館研究の問題点）／戦国城館跡の発掘（大坂城／清須城／小田原城／八王子城／武田氏関係城／郡山城／安岐城／浪岡城）／戦国時代の生活と経済（貿易陶磁器／文房具／出土銭からみた撰銭令）／戦国時代の信仰（供養塔と納骨／一字一石経の世界）
第二部　中世を考古学する
　中世考古学を考える／中世考古学の方法（中世史研究と考古学／歴史民俗学と中世考古学）／都市と集落（中世都市遺跡調査の視点／鎌倉／京都／博多／平泉／荘園村落遺跡の調査／「方形館」の形成）／信仰の世界（修験の遺跡／板碑造立の風潮／埋経と納経／葬送と呪術）／生産と経済（土器・磁器／埋められた銭）／対外との接触・交易（元寇と考古学／考古学からみた日明貿易／日本出土の朝鮮王朝陶磁）

雄山閣出版案内

古墳時代の研究 全13巻

編集　石野博信・岩崎卓也・河上邦彦・白石太一郎

最新の豊富な資料を駆使し、わが古代国家の形成過程を考察する

1 総論・研究史

総論　古墳人（古墳人骨の研究と日本人種論変遷史／時代的特徴／地域性／病気と被葬者の親族関係）　活躍の舞台（地形と景観／植物と気候／動物遺体）　自然科学的研究法　古墳時代研究史

2 集落と豪族居館

総論　住居と倉と井戸　住居の使い方　住居の上屋構造と建築材　集落の形態（東日本／西日本）　宮殿と豪族居館　集落遺跡の実例（纒向／青木／新池／大園／三ツ寺／黒井峰／物見台・西沼田／千草山）

3 生活と祭祀

総論　生活（衣服／装身具／髪形と身体装飾／食物と調理法／日常什器／発火具・照明）　さまざまな神まつり―祭祀の場（岩石と神まつり／イエとムラと田畑の神まつり／海の神まつりほか）　祭祀具（鏡・玉／武器・武具と農耕具ほか）

4 生産と流通 I

総論　水稲農耕（耕地と灌漑／稲作技術／収穫と貯蔵／農具）　畑作農耕（畑の分類／焼畑と常畑ほか）　家畜と牧―馬の生産　狩猟　漁撈（漁具と漁法／漁民と漁村）　製塩　栽培植物

5 生産と流通 II

総論―手工業製品の生産と流通　鉄と鉄器製品（鉄生産／鉄素材論／鉄器の生産と流通）　鋳銅製品　金銅製品　窯業製品　玉とガラス　土木技術　石工技術　石材の流通　織物　交通と運輸

6 土師器と須恵器

総論　土師器の編年（九州／中国・四国／近畿／東海／北陸／中部高地／関東／東北）　須恵器の編年（畿内の須恵器の編年／地方窯の製品―九州，山陰，山陽，四国ほか）　土師器の移動　陶質土器とその分布　土師器・須恵器・陶質土器の分析

7 古墳 I 墳丘と内部構造

総論　古墳の墳丘（墳丘の形式／積石塚）　外部施設（周濠／葺石・外護列石／埴輪・木製樹物）　埋葬施設（木棺・石棺／竪穴系の埋葬施設／横穴系の埋葬施設）　規格と技術（墳丘・石室にみる規格性／築造技術）

8 古墳 II 副葬品

総論―副葬品概論　副葬品の種類と編年（農工漁具／武器／武具／馬具／装身具／石製腕飾品／石製品／石製模造品／鏡／土師器・須恵器／容器／土製品／自然遺物）　副葬品の配列と組成

9 古墳 III 埴輪

総論―埴輪の起源と終末　埴輪の種類と編年（円筒埴輪／器材埴輪／人物・動物埴輪）　木製樹物・石人石馬（木製樹物・石人石馬）　埴輪の配列（配列，組合せの変遷／復元される儀礼）　埴輪の生産と技術

10 地域の古墳 I 西日本

総論　各地の古墳（九州―福岡，佐賀・熊本，大分，宮崎・鹿児島／山陰／山陽／四国／近畿―大阪・奈良・京都南部，和歌山，滋賀・三重，京都北部・兵庫北部，兵庫西部）

11 地域の古墳 II 東日本

総論　各地の古墳（東海―岐阜・愛知，静岡／北陸／中部高地／関東―千葉，東京・埼玉・神奈川，群馬，栃木，茨城／東北―福島，秋田・山形，宮城・岩手）

12 古墳の造られた時代

総論　婚姻と家族　ムラと共同体　群集墳論　古墳の終末とその背景　壁画古墳　宗教と思想　神と神まつり　言葉と文字　（補）墳丘と内部構造の変遷

13 東アジアの中の古墳文化

総論　東アジアの墳丘墓（中国／朝鮮半島）　古墳の築かれなかった地域（沖縄／南九州／北海道／東北北部）　古墳時代の対外交流と交易（東アジアの墓制と日本への影響／遺物からみた交流と交易／渡来人ほか）

B５判　フランス装
平均本文184頁　口絵32頁
各 3,400円
6巻・8巻のみ3,700円